Le couple et l'argent

De la même autrice

Kata Sutra. La vérité crue sur la vie sexuelle des filles, avec Nadia Daam, Emma Defaud, Élisabeth Philippe et Johana Sabroux, Jacob-Duvernet, 2009.

Encyclopédie de la web culture, avec Diane Lisarelli, Robert Laffont, 2011.

Les Morues, Au Diable Vauvert, 2011 ; Le Livre de poche, 2013.

Sans télé, on ressent davantage le froid, Fayard, 2014 ; Le Livre de poche, 2015 (sous le titre *Chroniques de la débrouille*).

La Théorie de la tartine, Au Diable Vauvert, 2015 ; Le Livre de poche, 2016.

Libérées ! Le combat féministe se gagne devant le panier de linge sale, Fayard, 2017 ; Le Livre de poche, 2019.

Honoré et moi, L'Iconoclaste, 2019 ; Le Livre de poche, 2021.

Les Grandes Oubliées, L'Iconoclaste, 2021 ; Proche, 2023.

Les femmes aussi ont fait l'Histoire, Les Arènes Jeunesse, 2023.

Une époque en or, L'Iconoclaste, 2024.

Collection Proche
26, rue Jacob, 75006 Paris
Tél. : 01 42 17 47 80
www.collectionproche.fr

Titiou Lecoq

Le couple et l'argent

Pourquoi les hommes sont plus riches que les femmes

Nouvelle édition augmentée

PROCHE

À ma mère, à ma belle-mère,
et à toutes les femmes qui m'ont un jour entourée,
aidée et encouragée.

« Les femmes célibataires ont une terrible propension à être pauvres – ce qui constitue un excellent argument en faveur du mariage. »

Lettre de Jane Austen, jamais mariée,
à sa nièce Fanny Knight, 13 mars 1817.

Préface

Quand j'ai écrit *Le Couple et l'Argent*, je voulais aider mes lectrices et Emmanuel Macron.

D'un côté, j'imaginais recevoir un coup de téléphone de l'Élysée. On me dirait : « Bonjour, ici le secrétariat de la présidence de la République. Le président a un créneau de vingt minutes pour vous rencontrer demain. Il souhaiterait que vous lui exposiez trois idées de réformes féministes. »

Si jamais ce scénario se produisait un jour, il fallait que je sois en mesure de répondre autre chose que : « Abolissez le patriarcat. » Une partie de mes recherches pour ce livre était donc tournée vers des propositions concrètes. À quoi ressemblerait par exemple une réforme féministe des impôts ?

Je voulais également que mes lectrices puissent se dire : « OK, je vais changer quelque chose dès maintenant dans ma façon de faire. »

On n'avait peut-être pas encore révolutionné la société, mais on pouvait changer nos familles. La justice sociale allait commencer à la maison.

J'ai conçu cette version poche pour que les idées exposées dans ce livre soient encore plus claires et didactiques. On suit donc toujours la vie de Gwendoline, ce qui nous permet de décrypter toutes les injustices dont elle est victime sans s'en rendre compte. (J'en ai profité pour mettre à jour ce qui devait l'être.)

J'ai aussi décidé d'y inclure un guide pratique pour améliorer sa vie financière.

L'Élysée ne m'a pas encore appelée, alors, en attendant, j'espère que cet ouvrage vous sera utile.

Introduction

Les hommes sont plus riches que les femmes. Ce constat se retrouve partout, à l'échelle de la société comme à celle de la famille.

Et pourtant, longtemps, il ne m'a pas intéressée. J'ai travaillé sur les violences sexuelles, les féminicides, la parentalité, le domestique, l'effacement des femmes dans l'Histoire.

Le sujet de la domination masculine revenait sans cesse, mais je passais à côté de sa dimension pécuniaire. Il aura fallu une dizaine d'années de recherches pour que je me demande pourquoi les hommes sont plus riches que les femmes.

À ma décharge, cette inégalité fondamentale est souvent invisibilisée. Aux infos, on entend surtout ça :

« Depuis la crise, les Français sont moins satisfaits de leur vie. »

« L'indice de confiance des ménages se maintient. »

« Les retraités seront concernés par la réforme. »

« Les épargnants peuvent-ils se prémunir contre l'inflation ? »

« Le nombre de chômeurs atteint 2,2 millions. »

La masculinisation de la langue entraîne inconsciemment l'effacement des femmes. Si je vous dis :

« Les chômeurs de longue durée », imaginez-vous des hommes ou des femmes ? « Les allocataires du RSA » ? « Les cadres » ?

Mais cette invisibilisation ne repose pas que sur des formes orthographiques et des règles grammaticales.

La majorité des analyses économiques ne s'intéressent pas aux femmes ni au travail gratuit qu'elles fournissent. Une très bonne démonstration de l'absurdité de cet « oubli » a été faite en 2012 par la journaliste suédoise Katrine Marçal dans son livre *Le Dîner d'Adam Smith*.

Adam Smith est un théoricien de l'économie classique. Pour lui et ses successeurs, les individus sont des êtres rationnels qui agissent dans leur intérêt personnel. En 1776, il fait paraître ce qui est considéré comme le premier livre d'économie moderne, *Recherches sur la nature et les causes de la richesse des nations*. Il y décrète : « Ce n'est pas de la bienveillance du boucher, du brasseur ou du boulanger que nous viendra notre dîner, mais plutôt du soin qu'ils apportent à la recherche de leur propre intérêt. » C'est l'intérêt personnel qui fait tourner le monde et nous permet de manger.

Katrine Marçal pose une question simple : qui a préparé le repas d'Adam Smith ? L'économiste ne s'est jamais marié, il a vécu avec sa mère. « Adam Smith n'a pas trouvé chaque soir son dîner servi à table juste parce que des commerçants poursuivaient leur intérêt personnel. Il l'a trouvé servi chaque soir à sa table parce que sa mère faisait en sorte qu'il le soit. » Mais ça, cet ingrat d'Adam Smith n'y a pas pensé une seconde.

Impossible pour lui d'envisager sa mère comme un agent économique participant au fonctionnement de la société. Cela lui paraissait tellement naturel qu'elle s'occupe de lui qu'il n'a pas vu qu'elle fournissait un travail gratuit. Dans son système, il y avait un boucher qui lui vendait un steak magique. Ce steak apparaissait ensuite mystérieusement dans son assiette tout préparé comme il aimait. (Précisons qu'il existe également le linge magique, celui que vous trouvez propre dans votre armoire alors que la veille il traînait par terre. Mais également le rouleau de papier toilette magique. Sans compter la table et l'évier autonettoyants et autres petites folies de la vie quotidienne de tous les Adam Smith du monde.)

Ce qui ne manque pas d'ironie, c'est que, dans le même paragraphe, Adam Smith déclare : « Il n'y a qu'un mendiant qui puisse se résoudre à dépendre de la bienveillance d'autrui. » Ah bah, Adam... Si tu savais...

Cet oubli va se poursuivre longtemps. Et en dehors des cercles initiés, on continue de conjuguer l'économie au masculin. Le discours dominant considère le couple, le foyer, le ménage comme une unité. Il s'agit même de l'unité économique de base. On a l'habitude d'entendre dire que « les ménages ont confiance », « les ménages ont épargné », « les ménages ont dépensé ».

Que cette entité soit constituée de deux individus distincts ayant des revenus différents est un point aveugle. Peu d'économistes observent la circulation de l'argent au sein des couples[1]. Qui a payé les courses samedi après-midi ? Qui a accès aux ressources financières ? Qui a pris un temps partiel et subit une perte de revenus pour s'occuper des enfants ?

Ces interrogations d'ordre pratique en amènent d'autres. Y a-t-il des caractéristiques qui dépasseraient les classes sociales et concerneraient toutes les Françaises ?

On n'entend pas non plus parler du pouvoir d'achat des Françaises. Jamais on ne voit un débat où des spécialistes se demandent comment améliorer le pouvoir

1. Et si ce livre peut exister, c'est précisément grâce aux chercheurs et aux chercheuses qui ont décidé d'explorer ce territoire.

d'achat des femmes. Comme on part du principe qu'il n'y a pas de spécificité de leur condition économique, on imagine que ce qui profite aux hommes profite aux femmes de manière égale.

Non seulement, comme nous le verrons, ce calcul est faux, mais il aggrave la situation. En ne s'intéressant pas aux inégalités économiques entre les femmes et les hommes, on ne se contente pas de les laisser stagner, on les accentue.

En France, entre 1998 et 2015, l'écart de patrimoine entre les femmes et les hommes est passé de 9 % à 16 %[1]. Il a quasiment doublé.

Alors que l'on s'attendait à ce que ces inégalités se résorbent avec le temps, il se produit l'inverse. Elles se creusent. Pour y mettre fin, il faut en prendre conscience. Le changement doit ensuite s'opérer à deux niveaux. Le collectif, avec des réformes politiques nationales, et l'individuel, en nous intéressant au fonctionnement financier de nos couples et de nos familles. Les femmes, en particulier, doivent s'emparer de ces sujets pour ne plus être flouées.

La question « Pourquoi les hommes sont plus riches que les femmes » cache en réalité deux sujets. Le pourquoi et le comment. Vous verrez que de l'argent de poche à la retraite, en passant par les impôts ou l'absence d'éducation financière, un ensemble de mécanismes œuvrent à appauvrir les femmes. C'est le comment. Nous les décortiquerons, étape par étape.

En revanche, le pourquoi se résume facilement. On continue d'associer la féminité au don, donc à la gratuité, et la masculinité au pouvoir, donc à l'argent. Ces

1. D'après les travaux de Marion Leturcq et de Nicolas Frémeaux, sur lesquels nous reviendrons plus en détail.

présupposés se retrouvent dans nos politiques fiscales et économiques aussi bien que dans la manière dont les familles fonctionnent au quotidien.

La dynamique du don chez les femmes est simple, on leur a assigné une mission : elles doivent s'occuper des autres. Et elles doivent le faire gratuitement. On attend d'elles une forme de sacrifice.

Une femme qui veut protéger ses intérêts ou, pire, gagner de l'argent, est perçue comme dénaturée, puisque cela va à l'encontre de notre représentation de la féminité. Si elle ne fait plus passer les autres avant elle, elle n'est plus tout à fait une femme.

Grosso modo, la femme féminine est forcément dépendante financièrement.

C'était d'ailleurs ce que préconisaient explicitement les lois jusqu'à récemment. Elles mettaient la femme mariée sous la tutelle économique de son mari. À travers deux chapitres historiques, nous verrons comment les femmes se sont battues pour avoir le droit de gagner leur propre argent. L'erreur consiste à croire que cette lutte est finie. Qu'en obtenant l'autorisation d'avoir un compte bancaire, les femmes ont gagné l'égalité et que le reste ne dépend que de la classe sociale ou de choix personnels. Le fonctionnement de la société et celui des couples se font au détriment des femmes.

En ce qui concerne l'argument du choix personnel, j'espère que ce livre permettra de montrer qu'une partie de ces inégalités dépendent d'une organisation économique et fiscale générale. Et que les fameux choix sont souvent faits sans savoir exactement ce qu'ils impliquent. C'est incroyable le nombre de décisions financières que nous prenons sans en comprendre les conséquences réelles.

Pour bien saisir les mécanismes à l'œuvre, je vais me permettre d'étaler l'intimité d'une Française, imaginée à partir de nous toutes.

Je vous présente Gwendoline.

Gwendoline va nous guider au long de sa vie. Nous serons les témoins de ses aventures amoureuses, familiales et économiques.

Il se trouve que Gwendoline est hétérosexuelle, mais ce sujet ne concerne pas que les couples hétérosexuels. Il s'agit de répartition de genre, c'est-à-dire de ce qui est construit socialement. On peut donc en trouver des traces chez des couples de personnes de même sexe. Si la carrière de l'un ou de l'une des deux l'emporte sur celle de l'autre, des inégalités économiques peuvent surgir. De plus, les progrès dans la reconnaissance officielle des couples de personnes de même sexe amènent ceux-ci à s'inscrire dans des mécanismes fiscaux et sociaux mis en place par l'État qui sont profondément injustes. Ce n'est pas parce qu'une femme se marie avec une autre femme qu'elles ne doivent pas se renseigner attentivement sur les régimes matrimoniaux – et les conséquences en matière de divorce.

1.
Où notre héroïne négocie mal son argent de poche faute d'éducation financière

Gwendoline est une enfant joyeuse et innocente. J'aimerais vous dire qu'elle se contrefiche de l'argent, mais ce serait mentir.

Comme la plupart des enfants dans notre société, Gwendoline est attirée par les pièces de monnaie, les billets de banque, les caisses automatiques, les cartes bancaires, les codes secrets, les distributeurs. Elle aime demander le prix des choses et elle a des difficultés à évaluer la différence entre « cher » et « pas cher ».

Mais elle va apprendre tout cela assez vite.

À son entrée au collège, Gwendoline commence à tanner ses parents pour avoir de l'argent de poche. Elle insiste, revient à la charge à plusieurs reprises, et finit par obtenir gain de cause.

Ce que cette douce enfant ignore, c'est qu'il est probable qu'elle touche moins de sous que les garçons de sa classe.

L'argent de poche

Deux études récentes ont été menées en France sur l'argent de poche, à la demande de Pixpay, un service bancaire destiné aux ados. L'une date de fin 2020 et a été conduite par l'institut de sondage Poll&Roll, l'autre de 2022 et a été faite en interne par l'entreprise.

Le montant de l'argent de poche varie selon les régions. Par exemple, les parents de PACA sont deux fois plus généreux que les parents bretons[1]. Mais les deux études font le même constat à l'échelle nationale : les filles reçoivent moins d'argent que les garçons. En moyenne, la différence est de 4 euros par mois – et la palme de la discrimination va au Centre-Val de Loire, où les filles touchent 17 % de moins[2].

Évidemment, Gwendoline ignore ces chiffres. Elle a un grand frère, Gwendolin. Il touche davantage d'argent mais l'écart est justifié par l'âge.

Son unique point de comparaison, ce sont ses deux meilleures amies, et entre filles la différence n'apparaît pas. Dans l'idéal, il aurait fallu que Gwendoline décide de mener sa propre enquête et fasse un sondage dans la cour de récré pour demander à chaque fille et à chaque garçon combien ils touchent respectivement. Ensuite, elle aurait incorporé ces données dans un tableau et fait des moyennes et des statistiques. Elle aurait même pu demander l'aide de la prof de maths, et cela serait devenu un projet pédagogique de classe. Ensuite, elle aurait distribué des photocopies de son enquête pour informer les parents et dénoncer cette injustice. Elle aurait placardé des affiches avec un slogan un brin racoleur : « Arrêtez de voler vos filles ! » Elle serait devenue l'Erin Brockovich du quartier.

Mais elle n'y a pas pensé.

---

1. Baromètre de Poll&Roll pour Pixpay, *Les adolescents et l'argent*, 2021.
2. Étude du Teenage Lab de Pixpay, *Argent de poche : les inégalités entre garçons et filles*, 2022.

Elle a juste été trop contente que ses parents disent oui et elle a rêvé à tout ce qu'elle allait s'acheter.

Résultat, elle se fait arnaquer de 4 euros par mois sans le savoir.

Et cela va aller en s'aggravant. L'étude de Pixpay révèle que, dans la tranche suivante, les 16-18 ans, les filles reçoivent 10 euros de moins par mois que les garçons. La cofondatrice de la start-up explique que, d'après ses entretiens avec les parents et les ados, les garçons demandent plus régulièrement des augmentations. (Oui, il se passe la même chose dans les entreprises.)

Comme Pixpay est un service bancaire avec un contrôle parental, il permet d'obtenir d'autres données. On découvre ainsi que le plafond de paiement hebdomadaire que les parents choisissent pour les garçons est plus élevé. Autrement dit, les parents les autorisent à dépenser davantage. Peut-être faut-il attribuer cet écart au stéréotype de la fille panier percé, à qui on ne peut pas faire confiance quand il s'agit d'argent.

Les parents de Gwendoline sont-ils affreusement méchants ? Non. Ils n'ont pas sciemment décidé de pénaliser leur fille adorée. Ils ignorent même qu'ils le font. Pour déterminer combien ils allaient lui donner, ils ont demandé autour d'eux. Il y avait des variations, mais ils n'ont pas pensé qu'elles pouvaient être liées au genre de l'ado. Ils les ont attribuées à la situation financière des familles.

Mais alors quelles sont les explications concrètes de cette différence ? D'abord, il ressort des entretiens menés lors de l'étude que les garçons demandent plus souvent des augmentations. D'où le fait que l'écart va en s'accroissant avec l'âge. Les garçons ont donc un sentiment de légitimité plus fort que les filles face à l'argent.

Ensuite, il y a le sujet des tâches ménagères rémunérées. Les filles font davantage de tâches liées, par exemple, au linge (d'après un sondage IFOP de 2020, 55 % des filles contre 39 % des garçons). Or, on ne paye pas les enfants pour avoir fait une machine. On va les rémunérer pour des tâches jugées plus exceptionnelles (laver une voiture, faire du jardinage) et ces tâches sont davantage effectuées par les garçons.

Mais l'écart entre les filles et les garçons ne se résume pas à une question de chiffres. En dehors du montant, les familles ne traitent pas de la même manière leurs filles et leurs fils.

Une étude anglaise de 2017 est, de ce point de vue, très instructive[1]. Là-bas aussi le montant de l'argent de poche des filles est inférieur. Pourtant, 44 % des garçons trouvent qu'ils ne reçoivent pas assez d'argent, contre 39 % des filles. Non seulement elles touchent moins, mais, en plus, elles s'en satisfont.

En outre, elles reçoivent cette somme de façon moins régulière que les garçons. On « oublie » plus souvent de leur donner. (Les garçons hésitent peut-être moins à réclamer ce qu'ils considèrent comme leur dû.)

Si on observe les choses plus en profondeur, on se rend compte que les parents n'ont pas le même comportement financier envers leurs filles qu'envers leurs garçons. En réalité, ils vont dépenser autant pour elles que pour eux, mais ils achèteront davantage de choses à leurs filles. Sur le papier, la différence est donc compensée. C'est d'ailleurs ce que les parents de Gwendoline ont répondu quand elle a fait remarquer que son frère avait plus d'argent qu'elle. « Oui mais on te fait tout le temps des cadeaux. La semaine dernière, tu as eu le stylo magique que tu réclamais. »

---

1. Étude de l'agence Childwise auprès d'enfants âgés de 11 à 16 ans, décryptée sur le site du *Guardian*, 2017.

Le problème, c'est que cela crée un rapport très genré à l'argent. Les filles sont assignées à la position de demandeuses, pendant que les garçons s'exercent à gérer leur budget.

Gwendoline sait peut-être exhiber son plus beau sourire et prendre une petite voix suppliante pour qu'on lui achète le stylo de ses rêves, mais la leçon qu'elle en tire, plus ou moins consciemment, c'est qu'elle ne peut pas obtenir directement ce qu'elle veut. Il y a un intermédiaire entre elle et la chose désirée, et elle doit séduire cet intermédiaire. Elle dépend donc du bon vouloir d'une autre personne qu'elle-même.

Pendant ce temps, Gwendolin apprend à calculer combien il lui manque pour acquérir ce qu'il convoite. Il n'y a rien entre lui et le stylo.

De manière imperceptible, les deux enfants entretiennent déjà des rapports différents à l'argent et à l'indépendance.

L'argent, ça s'apprend

Bien entendu, l'éducation financière dépend également de votre milieu social. Personnellement, j'ignorais même qu'il puisse exister une éducation financière jusqu'à ce que j'en discute avec mon amie Cécile. Nous étions déjà largement adultes (c'était il y a quatre ans) quand elle m'a demandé avec étonnement : « Mais on ne t'a pas appris à faire tes comptes ? »

Eh bien, non.

On m'a appris à faire mes lacets, à me brosser les dents et les rudiments de la politesse, mais pas à gérer mon argent.

D'ailleurs, je ne voyais même pas ce que cela signifiait. J'ai découvert que la mère de Cécile lui avait appris à faire des tableaux de chiffres, à calculer un budget, ce qu'était l'épargne et comment fonctionnait un emprunt bancaire. Elle avait fait de l'argent un sujet éducatif.

De son côté, ma mère s'était contentée de me transmettre un précepte simple « Ne sois jamais à découvert », parfois accompagné de « Ne fais pas comme ta sœur au Monopoly. »

J'ai récemment découvert qui était la véritable reine de l'éducation financière, une femme qui ne rate pas une occasion d'en parler – notamment pour remercier son papa, qui lui a tout appris. Cette anti-Gwendoline, c'est Kim Kardashian.

Ne soyons pas naïves. Une partie de ce récit lui sert à justifier publiquement sa fortune. Son but est de nous convaincre que, si elle est multimillionnaire, c'est parce qu'elle a appris à gagner de l'argent, donc grâce à une forme de mérite.

Une chose est sûre, son père l'avait suffisamment intéressée au sujet pour qu'elle se lance tôt. À 20 ans, alors qu'elle regarde le nouveau clip de Jennifer Lopez, elle remarque les chaussures de la chanteuse. Elle appelle plusieurs boutiques et réserve les paires en stock, qu'elle revend ensuite plus cher sur Internet.

Mais sa véritable entrée dans le monde des affaires, elle la doit au métier qu'elle a inventé au début des années 2000.

Nettoyeuse de placards.

Pas de malentendu, elle ne maniait pas le chiffon microfibre. Elle allait chez des femmes riches dont les penderies vomissaient littéralement des vêtements, elle faisait le tri et en revendait une partie sur eBay en prenant sa commission. (C'était il y a une vingtaine d'années, bien avant Vinted.) Elle a ainsi nettoyé les placards de Cindy Crawford et de Serena Williams, jusqu'à devenir l'organisatrice de la penderie de Paris

Hilton et faire ses premières apparitions à la télévision américaine.

Chez moi, il n'était pas question d'éducation financière. Ma mère m'a élevée seule. Elle travaillait dans un service de réinsertion des détenus. Nous faisions partie des familles qui « faisaient attention ». Les institutions comme la banque, la CAF ou le fisc relevaient pour nous du ministère de la Magie. De l'argent nous était versé, puis de l'argent nous était exigé, sans que nous comprenions grand-chose au pourquoi du comment.

La seule règle du jeu était le fameux « Ne sois jamais à découvert ».

À croire que, quand quelqu'un était à découvert, il était jeté dans la fosse aux crocodiles de la Banque postale.

La connaissance économique reposant sur une transmission familiale, elle est très inégalitaire. On pourrait donc penser que l'école a un rôle à jouer en proposant à tous les élèves des notions de base. Pourtant, j'ai fait toutes mes études (et elles étaient longues) sans qu'on m'apprenne jamais ne serait-ce qu'à lire une feuille de paie. C'est ma mère qui a dû m'expliquer la différence entre le salaire brut et le net.

Mais le gouvernement a annoncé qu'à partir de 2024, les classes de 4e suivraient un module d'éducation financière. Il s'agit d'un exposé de deux heures avec des diapos, organisé par le professeur principal, suivi d'un test pour obtenir son passeport Educfi.

C'est d'autant plus nécessaire que les jeunes, même mineurs, sont de plus en plus ciblés par des publicités pour des produits financiers.

Vous pouvez aller consulter les ressources proposées par Educfi, elles ont été mises au point par la Banque de France. C'est un point important parce qu'il ne faut pas que ce soient des entreprises privées qui viennent dans les écoles enseigner l'économie.

Revenons donc à Gwendoline. À la maison, elle ne reçoit pas d'éducation financière. À l'école, on ne lui parle pas non plus d'argent, sujet trop politique.

Pourtant, l'éducation financière est une première clé pour gagner son indépendance. J'adorerais que nous vivions dans un monde postrévolutionnaire dans lequel les ressources seraient équitablement partagées, mais comme ce n'est pas encore le cas, il vaut mieux comprendre comment fonctionne le système capitaliste actuel. L'ignorance de Gwendoline va lui causer des torts à chaque étape de sa vie. À tous les chapitres, je pourrais vous répéter que le savoir, c'est le début du pouvoir – ne serait-ce que pour comprendre que l'on se fait arnaquer.

Le système américain

On compare souvent la France aux États-Unis, où les notions de base de l'économie sont acquises par davantage de monde. On le dit moins, mais c'est en partie rendu nécessaire par l'insécurité propre au système américain. Les frais de santé sont onéreux, l'assurance chômage quasi inexistante, les études hors de prix. L'éducation financière y sert à compenser l'absence de filet de sécurité. On insiste par exemple sur le fait d'avoir toujours une épargne disponible, dans l'idéal l'équivalent de trois à six mois de salaire, pour faire face aux difficultés imprévues.

Suivant la même logique, de plus en plus de villes américaines ouvrent des comptes d'épargne pour les enfants. En mars 2022, la municipalité de Los Angeles annonçait fournir un compte avec 50 dollars à 40 000 enfants de 6 ans. Le journal *The Guardian* titrait alors : « Peut-on changer la vie d'un enfant avec 50 dollars ? » En réalité, l'objectif est d'encourager les familles à mettre de l'argent de côté pour financer les études de leurs enfants.

L'important, c'est moins la somme que la mise en place de la pratique. Grosso modo, cela revient à acter que les enfants vont grandir dans un monde injuste, et plutôt que de baisser les frais d'inscription à la fac, on apprend aux familles à économiser.

Donc loin de moi l'idée de dire que l'éducation financière est la solution à tout. Néanmoins, elle est un premier pas nécessaire.

Autre différence entre les deux pays, cette approche de l'économie se retrouve dans des médias qui s'adressent spécifiquement aux femmes. Aux États-Unis, il y a pléthore de sites financiers féminins, avec des photos de café macchiato dont la mousse forme un élégant « $ ». L'un des plus célèbres s'appelle The Financial Diet. Sa fondatrice, Chelsea Fagan, parle aussi bien de « quelle appli choisir pour gérer vos NFT » que de « comment la série *Sex and the City* a influencé négativement le rapport des femmes à l'argent ».

On trouve même des coachs en finances « féministes », comme sur le site Bravely Go, avec des slogans fumeux tels que « Changez votre argent, changez le monde », et des sommets financiers « féministes » auxquels on peut se rendre en arborant des tee-shirts « *Financial Feminist* ». Évidemment, ça, c'est au pays du capitalisme triomphant. Et cela n'empêche aucunement les femmes américaines d'être touchées par la pauvreté, bien sûr.

En France, on est loin de ça, mais on remarque des changements positifs. Les médias spécialisés en économie font un effort pour intégrer les femmes à la fois dans les sujets, dans les illustrations et dans les rédactions. Le magazine *Challenges* a d'ailleurs une rubrique spéciale « Femmes », à côté de « Monde », « Emploi », « Économie » et « Médias[1] ».

---

1. Oui, les femmes sont encore un sujet à part. Cela dit, je vous avoue que, pour faire mes recherches, cela m'a été bien utile.

Et, depuis quelques mois, des femmes ont lancé des médias économiques à destination du public féminin. Ainsi, Héloïse Bolle, avec sa société Oseille et compagnie, propose entre autres des formations et une newsletter gratuite. Léa Lejeune a créé Plan Cash, un média qui offre aussi une newsletter, dans laquelle elle décrypte de façon compréhensible l'actualité économique et donne des conseils pour gérer son argent. Il y a également le très efficace site Mon Budget Bento, fondé par Maeva, qui propose un compte Instagram, un blog, un podcast et un livre pour fournir les bases d'une éducation financière. Golden Girls est une plateforme numérique qui vous apprend à investir. Quant à Capitana, via un abonnement de 10 euros par mois, elle s'occupe carrément d'investir pour vous. (Je n'ai pas testé, je ne sais pas ce que ça vaut.)

J'en profite pour faire une mise en garde. On voit se multiplier sur les réseaux sociaux des influenceurs et influenceuses qui poussent les jeunes à investir. Ne suivez pas les conseils de n'importe qui se proclamant expert en thunasse. Devenir financièrement responsable, ce n'est pas croire des promesses.

Dans les médias grand public, comme me l'a fait remarquer la journaliste Arièle Bonte, parler d'économie aux femmes consiste souvent à leur parler de leurs dépenses. Jamais un site féminin ne leur explique comment gérer un portefeuille d'actions, ni même ce qu'est un portefeuille d'actions. À la place, on va leur proposer un article sur les stratégies pour bien profiter des soldes – « Les filles, pensez à faire vos repérages la veille ! »

En France, on aborde donc l'argent des femmes avant tout sous l'angle de la dépense. On n'apprend pas aux femmes à gagner de l'argent (par exemple en spéculant), mais à bien le dépenser. Une femme n'est pas là pour s'enrichir, mais pour s'acquitter correctement des dépenses du foyer. Or c'est exactement ce que l'on attendait de la bonne ménagère, c'était même intégré dans les cours d'éducation ménagère, où l'on enseignait aux filles comment tenir le budget familial, autrement dit les dépenses.

D'un point de vue purement économique, Gwendoline n'est pas élevée pour monter sa propre entreprise ou diriger son exploitation. Gwendoline est élevée pour devenir une consommatrice.

2.
La petite histoire de Gwendoline et la taxe rose

Gwendoline est donc une consommatrice en devenir. Mais, pour l'instant, ce sont encore ses parents qui lui achètent l'essentiel de ce qu'elle veut. Et s'ils n'ont pas conscience de donner moins d'argent à leur fille, en revanche, ils ont bien remarqué que les affaires de Gwendoline coûtent plus cher que celles de Gwendolin.

Par exemple, le réveil rose qu'elle voulait absolument. Il était à 5 euros de plus que le même modèle en bleu.

D'ailleurs, il est probable que le stylo à étoiles qu'elle convoite soit quelques centimes plus cher que le stylo ballon de Gwendolin.

Ce phénomène a un nom, c'est la taxe rose.

Et cette taxe rose, ou *woman tax*, Gwendoline va s'y trouver confrontée toute sa vie.

La taxe rose sur les produits

Devenue adolescente, elle veut s'acheter des rasoirs jetables pour avoir des jambes douces et glabres telle la Vénus qui sommeillerait en elle. Or ces rasoirs, qui ont la même forme et le même nombre de lames que ceux destinés aux hommes, lui sont vendus plus cher. Mais elle n'y prête pas attention parce qu'elle a 14 ans et que la seule pensée qui occupe son espace mental se résume à « Mort aux poils ».

En plus, la différence de prix est rarement énorme, elle se limite parfois à quelques dizaines de centimes d'euro. Mais elle est là.

On trouve beaucoup de chiffres concernant la taxe rose aux États-Unis, des chiffres aussi divers que variés.

Ainsi, d'après une étude réalisée en 2015 par le département de la consommation de la ville de New York, intitulée *From Cradle to Cane*, les cannes, les chevillères, les genouillères, les chaussettes de compression et même les produits de protection contre l'incontinence coûtent tous plus cher s'ils sont commercialisés pour les femmes. L'équipement et les appareils orthopédiques, en particulier, seraient jusqu'à 15 % plus chers, même si l'emballage est identique, à l'exception d'un mot, « femme » ou « homme ».

Idem pour l'achat d'une voiture. Des équipes des universités de Berkeley et de la Colombie-Britannique ont mené, en 2016, une étude portant sur plus de 10 millions de transactions à travers les États-Unis et le Canada. Pour chaque achat figuraient le prix d'achat final, l'âge et le genre de l'acheteur ou de l'acheteuse. Il en ressortait que les personnes âgées payaient plus cher, mais que cela concernait avant tout les femmes âgées. Elles payaient en moyenne 200 dollars de plus.

À ce stade, je m'attends à ce que certains me fassent remarquer que l'inverse existe également, parfois ce sont les hommes qui payent plus cher que les femmes.

Oui, effectivement.

Dans les boîtes de nuit. C'est à peu près tout.

En France, le sujet de la taxe rose a été popularisé en 2014 par Georgette Sand. Le collectif avait créé le Tumblr Woman Tax, toujours en ligne, pour publier des photos de ces écarts de prix. On y voit un appareil photo pour enfants de couleur rose à 49,99 euros à côté du même en bleu à 39,99 euros; un lot de chaussettes noires pointure 35-37 à 5,90 euros et les mêmes en 43-46 à 4,90 euros; des bacs de rangement roses à 4,25 euros, bleus à 3,64 euros; ou encore le témoignage édifiant d'une personne qui raconte qu'à la gare de Rouen l'accès aux toilettes est à 50 centimes pour les hommes et à 70 centimes pour les femmes.

L'accumulation d'exemples est tellement saisissante que la colère a commencé à monter. En 2015, le gouvernement a décidé de se saisir du sujet. Pour trancher les débats une fois pour toutes, le ministère de l'Économie a diligenté une étude, pilotée par la direction générale de la Concurrence, de la Consommation et de la Répression des fraudes, la DGCCRF (infinie poésie de l'Administration). Cette étude a porté sur trois familles de produits – rasoirs, déodorants et crèmes hydratantes – vendus dans 2237 hypermarchés et 5250 supermarchés.

Conclusion: le phénomène de taxe rose ne serait pas avéré. Enfin, cela mérite une précision. Les produits pour femmes plus chers, cela existe bel et bien. Mais l'écart de prix serait toujours justifié.

Reprenons les rasoirs jetables que Gwendoline a trouvés à Monoprix. L'enseigne avait expliqué que les rasoirs pour hommes se vendaient dans des volumes largement supérieurs, ce qui lui permettait de les acheter moins cher aux fournisseurs, d'où l'écart de prix.

Le marketing de genre

Autre explication à cette taxe rose: les campagnes de publicité ciblées. On fait davantage de campagnes publicitaires pour une crème cosmétique pour femmes que pour une crème pour hommes, ce qui entraîne une hausse du budget marketing, qui se retrouve par la suite répercutée sur le prix final du produit.

Logique.

Mais si on creuse un peu, on peut se demander pourquoi diable vendre séparément des produits identiques si ceux que l'on destine aux femmes entraînent un surcoût. A-t-on vraiment besoin d'emballages différents pour commercialiser des brosses à dents ? Il y a quelques années, on a même vu apparaître des mouchoirs pour hommes de la marque Kleenex, comme s'il existait une morve virile. (Simplement plus grands, ils ont plus tard été rebaptisés « mouchoirs grande taille ».)

Cette manie se retrouve particulièrement dans les produits pour enfants.

La chercheuse américaine Elizabeth V. Sweet a travaillé sur le marketing de genre. Elle pointe un paradoxe. Il y a cinquante ans, alors que les femmes avaient moins de droits, les jouets étaient plus neutres. Dans un catalogue américain de 1975, moins de 2 % des jouets étaient spécifiquement destinés aux garçons ou aux filles. Or, tous les parents pourront en témoigner, la proportion s'est inversée. La chercheuse date ce retournement des années 1990, marquées par le développement des produits dérivés de la marque Disney, donc, dans les jouets pour filles, par le début du règne total et absolu de la princesse.

Il y a un intérêt commercial évident. Elizabeth V. Sweet donne l'exemple des vélos. Vous avez deux enfants, une fille et un garçon. Vous pourriez donner le vieux vélo de Gwendoline à Gwendolin. Mais maintenant que les filles ont des vélos roses ou avec des paillettes Reine des neiges, la plupart des familles vont préférer en acheter un nouveau. Cela s'appelle fragmenter le marché. C'est ce qui se passe avec les deux réveils.

Cela n'explique cependant pas pourquoi le rose est plus cher. Mon hypothèse, c'est que, inconsciemment, le masculin reste la norme. Autrement dit, le réveil bleu est neutre. Basique. Alors que le rose est perçu comme différent, avec un petit plus, ou un pas de côté. Étant un peu à part, il va moins se vendre et on va le mettre plus cher pour compenser. Derrière ces étiquettes de prix, on retrouve donc une idée de norme et de neutralité. Le produit de base, ce n'est jamais le rose. Parce que le rose est associé à la féminité, et que la féminité, c'est la différence.

Le bleu est plus neutre parce que le masculin, c'est la norme. C'est une partie du propos de Simone de Beauvoir dans *Le Deuxième Sexe*. Elle y démontre comment le féminin et donc les femmes sont toujours perçues comme les Autres, les différentes, face à une norme masculine qui serait le premier sexe. On appelle également ce phénomène l'universel masculin. Non seulement les femmes sont traitées comme des Autres, mais, en plus, d'un point de vue économique, on leur fait payer cette différence.

En ce sens, il existe bel et bien une taxe rose.

En grandissant, Gwendoline va multiplier les produits de beauté. Or, dans ce secteur, un autre mécanisme est à l'œuvre, et il est d'une simplicité diabolique. Pourquoi vendre 10 euros ce que Gwendoline est prête à payer 15 euros ? En cosmétique, les prix sont plus élevés parce que les entreprises estiment que les femmes sont prêtes à mettre davantage d'argent dans les produits qui servent à se conformer aux stéréotypes de genre. Une femme véritablement féminine doit avoir des jambes sans poils, on considère que cet impératif va être suffisamment fort pour que les consommatrices acceptent de raquer. Et même pire. Il y a quelque part au fond de notre cerveau l'idée que la crème la plus chère sera la plus efficace.

En 2017, la journaliste québécoise Lili Boisvert a résumé ce phénomène dans un article pour le site Urbania : « La taxe rose est ni plus ni moins une discrimination financière qui exploite la socialisation sexiste. »

Ce qui coûte vraiment cher aux femmes, c'est l'addition de toutes les injonctions qui pèsent sur elles.

Le diktat des injonctions

Maintenant que Gwendoline est adolescente, elle se trouve moche. Enfin, pas exactement. Elle se trouve mignonne, mais elle se juge trop poilue, trop grosse ici, trop maigre là, ses fesses sont trop plates, ses cheveux sont ternes, les pores de sa peau trop visibles. Elle a aussi une peur panique de sentir mauvais des aisselles, du sexe, des pieds. Elle a un problème de peau qui brille. De boutons. De cernes.

En résumé, elle est un être vivant.

Mais elle, elle pense qu'elle a des complexes.

Et que la meilleure manière de s'en débarrasser, ce n'est pas de s'accepter, mais de les éliminer.

Alors Gwendoline se lance dans une vaste guerre contre son corps, une guerre qui va durer toute sa vie.

Ce faisant, elle participe à quelque chose dont elle n'a sans doute pas conscience, un immense marché économique. Le marché économique de la féminité.

Il y a quelque chose de foncièrement injuste. On va prétendre que les femmes sont dépensières, incapables de résister à leurs pulsions d'achat. Il s'agit d'un vieux cliché misogyne que l'on continue d'exploiter. Avant, on disait qu'elles ne contrôlaient pas leur utérus, maintenant, qu'elles ne contrôlent pas leur carte bancaire.

Et, en même temps, on exige de la féminité qu'elle passe par des dépenses.

Les mêmes personnes sont capables de taquiner une femme qui a plein de produits de beauté dans sa salle de bains tout en se permettant des remarques sur le physique de celle qui se « laisserait aller ».

Il faudrait se conformer aux stéréotypes de genre, et en plus que ce soit naturel. On ne doit pas voir les efforts et les artifices que cela nécessite.

Eh bien, non, ce n'est pas naturel. Chez la majorité des gens, ce qui est naturel, c'est de vieillir, de transpirer, d'avoir des poils et des vergetures.

Alors, pour se conformer à ces diktats, on paye. Et pas qu'un peu. Les produits de beauté pour le visage. Pour les cheveux. Pour le corps. Contre les poils. La cellulite. Hydratants. Amincissants. Antivieillissement. Tonifiants. Repulpants. Raffermissants. Affinants. Détoxifiants. Gainants. Rajeunissants. Purifiants. Désincrustants. Adoucissants.

C'est un enjeu colossal. Auquel s'ajoute la mode. Les chaussures. Les sacs. La lingerie.

Pour atteindre ou se conformer à cette féminité, il faut dépenser de l'argent dans un certain nombre de soins esthétiques et de produits cosmétiques et vestimentaires. Se transformer en Femme, cet être aux cheveux brillants et colorés, sans poils, sans rides, sans vergetures, sans cuticule, au grain de peau parfait, qui irradie comme si elle avait ingéré une centrale nucléaire, toujours élégante et à la mode, sophistiquée mais surtout qui donne l'impression de naturel, ça vous vide un livret A.

Si on arrêtait de se maquiller, de s'oindre de crèmes et de suivre la mode, le système financier s'effondrerait-il ? Peut-être.

En tout cas, on ferait de sacrées économies.

Mais cela ne suffirait même pas à échapper à la taxe rose, car on la retrouve également dans le secteur des services.

La taxe rose sur les services

À 17 ans, Gwendoline décide d'opter pour une coupe de cheveux à la garçonne. Eh bien, encore une fois, elle paye plus cher qu'un homme. Je ne compare pas avec une coupe en brosse, mais avec une coupe courte masculine aussi complexe que celle demandée par Gwendoline.

Et cela fonctionne dans l'autre sens également. Un homme aux cheveux longs paye moins cher qu'une femme aux cheveux de la même longueur. C'est ce qu'avait démontré la journaliste Esther Reporter dans une vidéo. Elle s'était rendue dans un salon pour se faire couper les pointes. Puis elle y avait envoyé l'un de ses amis, aux cheveux très longs. Les deux avaient eu droit exactement aux mêmes soins. Au total, pour la même prestation, il avait payé 34 euros alors qu'elle avait payé 54 euros.

Il ne s'agit pas d'un complot des salons de coiffure pour voler leur argent aux femmes, mais d'un impensé. On a toujours fait comme ça, on n'y réfléchit pas, donc on continue. Serait-il possible de faire autrement ? Oui, mais ce n'est pas aussi facile que de biffer les prix affichés sur la vitre de la devanture.

L'un des premiers salons à avoir modifié sa grille de tarifs est situé à Paris et s'appelle Bubble Factory. Sa fondatrice raconte que si elle s'était contentée d'aligner le prix d'une coupe courte féminine sur celui d'une coupe courte masculine, son entreprise ne s'en serait pas sortie financièrement. Il a fallu repenser tout le modèle afin de parvenir à un équilibre pour l'entreprise. Ont été mis en place quatre tarifs : coupe courte, coupe longue, coupe « transformation », frange. Le brushing est en supplément. Elle a établi ses tarifs de manière à ne pas perdre d'argent par rapport au système classique. Ainsi, assez logiquement, à Bubble Factory, ce qui coûte le plus cher, ce n'est pas d'avoir les cheveux longs, c'est de changer complètement de coupe de cheveux. Le tarif transformation.

C'est un bon exemple quant à la marche à suivre pour modifier les approches traditionnelles. On peut penser les choses en dehors du cadre femmes-hommes, et cela force à aborder les situations avec un autre point de vue.

Prenons un univers qui m'est totalement étranger : la teinturerie. Les pressings. Là encore, les informations nous viennent des États-Unis. La chaîne de télé américaine CBS News avait mené un test à New York. Un homme, une femme, une chemise blanche. Même matière, même coupe, seule la taille changeait. Résultat, la femme payait plus cher. Serait-ce la même chose en France ? N'ayant jamais pénétré dans ce genre d'établissements, je n'en ai aucune idée. Je vous laisse tester à côté de chez vous, si vous le voulez. Vous m'enverrez vos conclusions.

Gwendoline est désormais en âge de passer le permis de conduire. Elle le loupe la première fois et l'obtient la deuxième. Conséquence, cela lui coûte plus cher. Vous me direz, elle n'avait qu'à mieux conduire. C'est vrai. Mais l'ONISR lui-même nuance cette affirmation. C'est l'Observatoire national interministériel de la sécurité routière, il dépend du gouvernement et ce n'est pas a priori un organe de propagande féministe. On apprend sur son site qu'en 2018, il y avait un écart de 10 points en faveur des hommes sur la réussite du permis. 63 % de réussite chez les hommes à l'épreuve de conduite du permis B, contre 53 % chez les femmes[1]. Et il relève un

1. ONISR, *Inégalités hommes-femmes dans la réussite au permis de conduire : paradoxes et explications* [en ligne], novembre 2020.

paradoxe : « Pourquoi les hommes réussissent mieux en France l'épreuve pratique que les femmes alors que les hommes composent 86 % des conducteurs de moins de 24 ans tués sur la route (2015) ? »

D'abord, dès le début de la formation, les hommes partent gagnants en pensant qu'ils vont l'avoir alors que les femmes doutent. Ensuite, « ces stéréotypes affectent également les moniteurs, qui perçoivent les différences de sexe dans la conduite et les attribuent à des effets biologiques et interprètent les erreurs et l'anxiété des hommes comme liées aux circonstances de l'évaluation mais comme le signe d'un manque de compétences chez les femmes ». Sur une même erreur de conduite, les monos ont tendance à penser que les femmes sont nulles et que les hommes sont un peu stressés par l'exam.

Cette petite affaire coûte environ 1 600 euros aux femmes et 1 450 euros aux hommes.

Gwendoline a tout de même réussi et elle découvre alors l'univers du garage. Le problème, c'est qu'elle se demande si le mécanicien ne la prend pas pour une dinde. Elle n'est pas la seule à nourrir ce terrible soupçon. D'après un sondage de l'IFOP de juin 2021, 89 % des femmes interrogées pensent que leur garagiste les voit comme des clientes faciles à arnaquer (contre 71 % en 2008[1]). Et 69 % qu'elles sont considérées différemment selon qu'elles viennent seules ou accompagnées. Voilà pour le ressenti.

Là aussi, le gouvernement a décidé de mener une étude, pilotée par le service des Droits des femmes et de l'Égalité entre les femmes et les hommes (SDFE). Et elle a donné des résultats en totale contradiction avec

---

1. Étude de l'IFOP pour Caroom, *La voiture : un objet de pouvoir et de tensions dans le couple ?*, 2021.

l'impression qu'ont les femmes[1]. Le scénario est celui d'une personne qui appelle le garage pour une voiture à dépanner. La moitié des entreprises fournissent le même devis, qu'il concerne un homme ou une femme. Dans les 50 % restant, 37 % donnent un devis moins cher s'il s'agit d'une cliente. Ici, les hommes payeraient donc plus cher. Cela étant, on peut se demander si le scénario d'une femme en détresse n'influence pas le résultat selon le triptyque : femme, détresse, secours.

En Angleterre, un test différent a été réalisé. Il ne s'agissait pas de porter secours à quelqu'un, mais de changer l'embrayage d'une voiture. On a contacté 182 garages dans une dizaine de villes. Les femmes devaient payer en moyenne 63 euros de plus que les hommes – avec de grandes disparités selon les endroits.

Tout cela prouve avant tout qu'il est extraordinairement difficile d'étudier cette taxe rose[2].

Une discrimination basée sur le genre

Le frère de Gwendoline, le diabolique Gwendolin, a également passé son permis. Alors que l'on a toujours incité Gwendoline à la prudence, Gwendolin a été encouragé à prendre des risques. Déjà, tout petit, on le poussait à sauter plus loin, plus haut. Cette éducation au risque chez les garçons se retrouve ensuite de façon flagrante dans leurs comportements face à la sécurité routière. Les auteurs des accidents de la route mortels

---

1. L'étude portait également sur les serruriers. Elle concluait là aussi qu'il n'existait aucune différence notable entre les tarifs facturés à un homme et ceux facturés à une femme.
2. C'est la conclusion des journalistes Anne-Lise Bouyer et Nicolas Kayser-Bril, « L'impossible calcul de la *woman tax* ».

sont à 84 % des hommes[1]. On pourrait imaginer que c'est parce que les hommes conduisent davantage. En réalité, ils effectuent 52,4 % des distances parcourues en voiture. Ils représentent 90,7 % des condamnations pour conduite sans permis et 93 % des contraventions de 5e classe, qui regroupe les contraventions les plus graves. C'est pourquoi les assurances ont pendant un certain temps fait payer moins cher aux conductrices.

Attendez, les femmes payeraient donc moins cher les boîtes de nuit et les assurances auto ? Pas tout à fait. C'était le cas avant. Les compagnies d'assurances proposaient des tarifs plus bas aux conductrices. Mais figurez-vous que depuis 2012 et une directive européenne, elles n'en ont plus le droit parce qu'il s'agissait d'une discrimination basée sur le sexe. Dans les faits, les femmes continuent souvent de payer moins cher que les hommes, mais parce qu'elles conduisent un peu moins qu'eux, des voitures moins puissantes, qu'elles ont moins d'accidents et moins graves.

Jusqu'à présent, la quête d'égalité entre les femmes et les hommes s'est faite à sens unique. Il s'agissait d'aligner les standards des filles sur ceux des garçons, de les pousser elles jusqu'à leur niveau à eux. Il faudrait désormais déviriliser le monde, libérer les garçons des modèles toxiques qui les poussent à la violence contre les autres, mais également contre eux-mêmes. Quand il s'agit de ne blesser personne, se « comporter comme une fille » devrait être un compliment, non une insulte.

En attendant, Gwendoline n'en a absolument pas conscience, mais elle a déjà un petit retard financier par rapport à son frère. Et cela ne va pas aller en s'arrangeant.

---

1. Les chiffres sont donnés par Lucile Peytavin, dans l'excellent livre *Le Coût de la virilité*, Anne Carrière, 2021.

3.
Où notre héroïne choisit un métier qui rapporte peu et subit de la discrimination salariale

Gwendoline a donc passé son permis de conduire et elle a fini ses études. Étape suivante, follement excitante, elle s'en va du domicile parental et emménage dans un studio.

Elle prend de l'avance sur Gwendolin et elle en est super fière. Ce gros naze va rester chez maman, qui lui lave son linge comme s'il était encore un bébé alors qu'elle, elle devient une femme indépendante.

C'est amusant comme, parfois, on prend pour un privilège ce qui est en réalité un désavantage.

Cette avance ne va pas jouer en faveur de Gwendoline.

Les filles quittent la maison plus tôt que les garçons, et c'est valable pour tous les pays d'Europe. En France, l'âge moyen est de 23 ans pour les filles et de 24 ans et 4 mois pour les garçons. Selon les données Eurostat de 2018, au niveau européen, on est à 25 ans pour les femmes et à 27 ans pour les hommes. En Allemagne, les filles partent à 22,9 ans et les garçons à 24,4 ans. En Belgique, c'est à 24,3 ans qu'elles quittent le nid et à 26,1 ans pour eux. Il n'y a qu'en Suède que l'âge est pratiquement le même pour les filles et les garçons, et il est très bas, autour de 18 ans et demi.

Comment expliquer cet écart genré ? Il est d'autant plus étonnant que les filles font souvent des études plus longues.

Mais il semblerait que pour quitter le confort du nid familial, où ils sont logés, blanchis, nourris, les garçons attendent d'avoir une situation financière stable. Quand on dit que les filles prennent leur indépendance économique plus tôt, la formule est vague. En réalité, elles sont prêtes à affronter une plus grande précarité, à accepter des conditions de vie plus difficiles, pour ne plus être à la charge financière de leurs parents et gagner en liberté.

À l'inverse, la famille va davantage aider les garçons à se lancer dans la vie, en s'assurant qu'ils ont une certaine assise économique. Une étude américaine de 2014 publiée par *Time Magazine* montrait que les parents soutenaient leurs garçons plus longtemps, même une fois qu'ils avaient quitté le domicile familial. 41 % des jeunes hommes interrogés indiquaient recevoir encore de l'argent de la part de leurs parents alors que les filles n'étaient que 31 % à dépendre de leur famille. De même chez les 35-44 ans, parmi lesquels 32 % des hommes étaient retournés à un moment ou à un autre vivre sous le toit de leurs parents quand les filles n'étaient que 9 % dans ce cas.

Mais, pour le moment, Gwendoline n'a aucune conscience de tout cela. Elle se sent victorieuse face à Gwendolin. Elle ne voit pas qu'il est en train d'économiser de l'argent en restant chez leurs parents, elle se dit plutôt que c'est un raté.

Et il y a encore plus ironique. Figurez-vous que Gwendoline a rencontré un garçon. Il s'appelle Richard. Bien sûr, il habite encore chez ses parents. Gwendoline se sent un peu l'adulte. Ils se retrouvent chez elle. Ils mangent chez elle. Il vit à moitié chez elle – mais en économisant. Cela étant, Gwendoline a été très claire : hors de question qu'elle lave les affaires de Richard ! Il est prié de rapporter son linge sale chez lui. Enfin... chez sa mère. Gwendoline se sent infiniment plus moderne que ses parents. La preuve, Richard se propose toujours pour faire la vaisselle après le repas. Il trouve normal de participer. Gwendoline est à deux doigts de penser qu'ils sont en train de réinventer le couple hétérosexuel.

En ce qui concerne sa vie professionnelle, elle ne voit pas de différence entre femmes et hommes. Autour d'elle, tout le monde est au SMIC. Elle ne pense pas à long terme, sinon elle se rendrait compte qu'elle s'est orientée vers un métier qui, même en fin de carrière, rapporte peu d'argent. Gwendoline n'a pas choisi l'une des filières scientifiques sélectives qui l'auraient menée vers des jobs rémunérateurs, elle ne s'en sentait pas capable. Elle a préféré opter pour ce qui lui plaît vraiment.

Et, statistiquement, il est probable qu'il s'agisse d'un boulot tourné vers les relations humaines. Selon sa classe sociale, elle va travailler dans les différents métiers du *care*, dans le secteur social, être professeur, ou dans le relationnel (événementiel, communication, ressources humaines). On considère qu'un métier n'est plus mixte quand il est masculinisé ou féminisé à plus de 60 %. Chez le personnel infirmier, il y a 86,6 % de femmes ; elles sont 77,7 % dans les professions intermédiaires de la santé et du médical ; elles représentent 70 % du personnel d'entretien[1].

En France, le marché du travail est donc extrêmement genré. Même au sein d'une entreprise qui emploie autant d'hommes que de femmes, on les retrouvera à des postes différents. Les femmes seront au secrétariat, aux ressources humaines et à la communication. Là où on les trouve le moins ? Les postes dits décisionnels.

Dans les professions très féminisées, il est intéressant de remarquer que le pouvoir ou les positions

---

1. Rapport du ministère chargé de l'Égalité entre les femmes et les hommes, de la Diversité et de l'Égalité des chances, *Vers l'égalité réelle entre les femmes et les hommes*, 2021.

socialement et financièrement valorisées restent masculines. Prenons l'exemple de l'Éducation nationale. Dans l'enseignement public, les femmes représentent 70 % du corps enseignant[1]. Ce que l'on dit moins, c'est qu'elles ne sont que 38 % des professeurs de chaire supérieure (les professeurs agrégés qui enseignent dans les classes préparatoires aux grandes écoles).

Le soin, un job naturel

Quant aux métiers du *care*, je ne cesse d'être stupéfiée par l'inadéquation entre leur utilité (environ de 100 %) et leur rémunération (minable).

Mais pourquoi ? Comment peut-on expliquer une telle absurdité ?

Une partie du problème, c'est que l'on considère que s'occuper des autres est le travail « naturel » des femmes. Ce ne serait donc pas un vrai métier, mais le prolongement d'une pseudo-fonction biologique. Il n'y aurait pas d'effort à récompenser ni de plus-value, pas d'expertise particulière à valoriser. Et si cela est inné chez les femmes, pourquoi les récompenser pour quelque chose qu'elles font naturellement ?

Il faudrait déjà déconstruire cette idée qu'il n'y a pas de savoir-faire dans ces métiers. C'est un préjugé courant qui révèle une ignorance crasse de la réalité de ces emplois[2].

---

1. Et 74 % dans l'enseignement privé. Rapport du ministère de l'Éducation nationale, de la Jeunesse et des Sports, *Rapport de situation comparée relatif à l'égalité professionnelle entre les hommes et les femmes*, 2019-2020.
2. Florence Aubenas raconte bien le savoir-faire nécessaire pour nettoyer, dans un temps imparti, la cabine d'un bateau, dans son formidable livre *Le Quai de Ouistreham*, L'Olivier, 2010.

Derrière ce préjugé sexiste, on croise souvent un préjugé raciste qui explique que, dans ces emplois, on trouve essentiellement des femmes racisées, qui y seraient destinées. Quand je travaillais à l'ANPE, ancêtre de Pôle emploi, j'ai entendu une conseillère dire que les emplois de nourrice devaient être réservés en priorité « aux femmes africaines parce qu'elles savent vraiment bien s'y prendre avec les bébés ». Je ne sais pas ce qu'elle entendait par « femmes africaines ». De toute évidence, elle ignorait que l'Afrique, c'est 54 pays différents sur une superficie qui fait trois fois celle de l'Europe. Elle semblait penser que l'on retrouvait chez toutes ces femmes, aussi différentes soient-elles, une sorte de trait inné, de qualité naturelle. L'inverse d'un savoir-faire acquis qui aurait mérité d'être valorisé. Mêlant racisme, sexisme et classisme, la phrase de cette conseillère est un cas d'école pour l'intersectionnalité.

Une autre difficulté à valoriser ce *care* tient sans doute à ce qu'il représente. Le *care*, c'est souvent le soin au corps de l'autre, un corps en état de vulnérabilité. S'y joue le rapport à la fois à l'intime, à la fragilité, aux faiblesses. L'opposé de ce que valorise notre société, qui privilégie la force, la puissance, l'invincibilité. Le *care*, c'est tout ce que nous ne voulons pas voir.

Dans cette logique, il n'est pas étonnant que nous le dédaignions. Un coach sportif qui entraîne un homme d'affaires pour renforcer ses abdos et son mental entre deux négos sera infiniment plus valorisé, et mieux payé, qu'une ergothérapeute qui travaille dans un EHPAD. Accompagner le déclin et la fragilité est incompatible avec notre obsession de devenir toujours plus forts et invincibles.

Comme notre société n'est pas à une contradiction près, nous avons fait de ces soins une activité rémunérée tout en souhaitant que celles qui s'en chargent soient désintéressées. Il faudrait que ces femmes fassent preuve de dévouement moral, d'abnégation et acceptent des salaires réduits au minimum légal et des conditions de travail précaires.

L'orientation des femmes dans ces filières a été qualifiée de « parois de verre ». Le « plafond de verre » représente la difficulté à accéder aux postes de pouvoir, et les « parois », l'impossibilité pour elles d'aller dans d'autres secteurs professionnels.

Ici se repose la question d'un changement de nos valeurs. On s'inquiète souvent de la sous-représentation des filles dans les filières scientifiques, mais jamais on ne dénonce son pendant, à savoir l'absence des garçons dans les carrières du soin. On pourrait imaginer des politiques publiques pour les encourager à se tourner vers ces métiers. Après les dépliants montrant une femme cheffe de chantier, on pourrait faire la promotion du CAP petite enfance auprès des garçons. Encore une fois, il s'agit d'inverser le sens de l'égalité en inversant les valeurs. C'est d'autant plus nécessaire qu'il existe un cercle vicieux. Plus un métier est mal payé, plus il est féminisé, et plus il est féminisé, plus il est mal payé.

Repenser ces métiers du *care* nous amène à repenser le fonctionnement de l'ensemble de notre société. La philosophe canadienne Jennifer Nedelsky a proposé un autre partage du travail du soin. Selon elle, nous devrions consacrer la moitié de notre temps à des activités de soin non rémunérées, pour des proches ou pour d'autres personnes qui en ont besoin. Cela implique que, pour tout le monde, le travail salarié devrait être à temps partiel. C'est également ce vers quoi tend l'idée de revenu universel.

Nous avons délégué à une partie de la population un travail – ou une mission, ou un devoir, appelez cela comme vous voulez – qui en réalité nous concerne toutes et tous, et dont tout le monde devrait être responsable, puisque tout le monde en sera un jour ou l'autre bénéficiaire.

C'est là une synthèse très grossière de la thématique du *care*. Comme l'ont résumé les chercheuses Clyde Plumauzille et Mathilde Rossigneux-Méheust, « le *care* place la vulnérabilité humaine et sa prise en charge au cœur de l'analyse des rapports moraux et sociaux pour comprendre la façon dont tient et s'entretient une société[1] ».

L'écart de salaire inexpliqué

Revenons à l'ensemble des inégalités salariales entre les femmes et les hommes. On sait que les femmes gagnent moins que les hommes. En général, on décompose ce déséquilibre en trois parties. Un premier tiers s'explique par le temps partiel (on y reviendra), un deuxième tient à la ségrégation des métiers (on vient d'en parler, avec la nature du métier et la difficulté à monter en grade), et un dernier tiers correspond à ce que l'on appelle un « écart non expliqué ».

On paye moins les femmes que les hommes à compétences et à poste égaux.

Historiquement, pour un même travail, les femmes ont été moins payées que les hommes, parce que, d'après les patrons, c'est leur mari qui devait subvenir aux besoins de la famille. L'argent qu'elles rapportaient n'était destiné qu'à être un complément. L'historienne

1. « Le *care*, une “voix différente” pour l'histoire du genre », dans Anne Hugon, Clyde Plumauzille et Mathilde Rossigneux-Méheust (dir.), un numéro passionnant de *Clio. Femmes, genre, histoire*, vol. 49, n° 1 [en ligne], Belin, 2019, p. 7-22.

Laura Lee Downs a fait sur le sujet une passionnante étude concentrée sur la Première Guerre mondiale[1]. On vante souvent l'opportunité que cela a alors été pour les femmes d'accéder aux emplois industriels. Ce que l'on dit moins, c'est qu'elles n'ont pas eu droit au même salaire que les hommes qu'elles remplaçaient. Et si vous pensez que c'était parce qu'elles produisaient moins à la journée, c'est faux. D'une part, elles produisaient souvent davantage, d'autre part, même leur rémunération à la pièce était inférieure.

En réalité, on a inventé une sorte de salaire féminin de base, unique, peu importe le poste qu'occupait l'ouvrière – alors que les hommes avaient des salaires différents selon leur emploi et leur qualification. Autrement dit, ils étaient payés en fonction de leur travail alors que les femmes étaient payées en fonction de leur genre. Les patrons imaginaient en gros de combien elles avaient besoin pour vivre, et voilà. Ils partaient du principe qu'elles n'avaient pas beaucoup d'appétit, qu'elles buvaient moins que les hommes, qu'elles n'allaient pas au café, etc. Quant aux besoins du reste de la famille, dans leur idée, c'était le mari qui devait y pourvoir, pas la femme.

Point amusant : au cours des deux dernières années de la guerre, les syndicats lancèrent la revendication d'un salaire unique pour le même travail. Sympa ? Pas du tout. En réalité, c'était une stratégie pour décourager l'embauche des femmes. « Les ouvriers étaient convaincus que le seul attrait de la main-d'œuvre féminine résidait dans le fait qu'elle était bon marché ; les patrons ne

1. Laura Lee Downs, « Salaires et valeur du travail : l'entrée des femmes dans les industries mécaniques sous le sceau de l'inégalité en France et en Grande-Bretagne (1914-1920) », *Travail, genre et sociétés*, vol. 15, nº 1 [en ligne], Armand Colin, 2006, p. 31-49.

choisiraient jamais d'embaucher une femme s'il fallait lui attribuer un salaire d'homme. » Les femmes furent finalement augmentées, mais l'écart de salaire moyen avec les hommes resta d'environ 30 %.

En France, cette discrimination ne fut interdite qu'à partir de 1972.

Et les chiffres prouvent qu'elle perdure. Les précédentes études de l'Institut national de la statistique et des études économiques (INSEE) évoquaient un écart de 9 % à âge, secteur d'activité et taille de l'entreprise égaux. Une étude plus affinée, publiée en 2020 et portant sur l'année 2017, avait conclu à un écart de 5,7 % dans le privé, pour un même poste dans une même entreprise.

En 2018, avec force trompettes et annonces, le gouvernement a décidé d'y mettre un terme. Le big bang de l'égalité salariale allait se produire grâce à la mise en place d'un nouvel outil formidable, un index. L'index de l'égalité professionnelle entre les femmes et les hommes allait tout régler en forçant les entreprises à vérifier si elles respectaient la loi.

Il repose sur cinq critères. Les niveaux de salaire à poste et âge comparables (40 points), les augmentations (20 points), les promotions (15 points), les augmentations au retour de congé maternité (15 points) et la part des femmes parmi les dix plus hautes rémunérations de l'entreprise (10 points). Tout cela donne une note sur 100. Si elle est inférieure à 75, l'entreprise doit mettre en place un plan d'action pour l'améliorer, sinon elle sera sanctionnée financièrement. Depuis 2020, cela concerne toutes les entreprises de plus de 50 personnes salariées.

Cette mesure a eu du bon. Ainsi, prenons le critère n° 4. Depuis 2006, la loi impose d'appliquer à une femme revenant d'un congé maternité les mêmes augmentations qu'ont reçues les autres personnes salariées durant son absence. Grâce à l'index, on a découvert qu'en 2019 environ un tiers des entreprises ne respectaient pas la loi, et l'ignoraient tout simplement. Des entreprises ont donc changé leur manière de faire. Mais, comme le notait la CGT, l'index reste imparfait, puisqu'il force à regarder si les femmes ont été augmentées, et pas si elles ont bénéficié du même montant que les hommes[1].

Il y a également des effets pervers. Ainsi, dans un excellent rapport[2], la direction de l'Animation de la recherche, des Études et des Statistiques (DARES, une direction du ministère du Travail, de l'Emploi et de l'Insertion, qui produit des analyses chiffrées et qui est une mine d'informations sur tous ces sujets) signalait que deux entreprises très féminisées, exerçant dans les activités du social et de l'aide à domicile, perdaient des points parce qu'elles avaient une majorité de femmes parmi leurs 10 plus hauts salaires. Or, pour avoir le maximum de points, il faut être à égalité, 5 hommes, 5 femmes. Si vous avez 8 femmes aux postes les mieux rémunérés, vous n'avez aucun point et vous risquez une sanction. Absurde.

Mais le point le plus discuté, c'est que les entreprises procèdent elles-mêmes à leur notation. En premier lieu, cela a posé un problème dans les services concernés, qui se sont retrouvés avec un gros surplus de travail.

Interrogé sur ce principe d'autoévaluation – après tout, qu'est-ce qui les empêche de se coller des 95 sur 100 ? –, le gouvernement a répondu que des contrôles avaient lieu, effectués par le ministère du Travail. Il y en avait même eu 4 200 au premier semestre 2019.

---

1. Communiqué de presse de la CGT, *Index égalité salariale : l'opacité organisée !* [en ligne], 1er mars 2019.
2. Rapport de la DARES, *Étude de terrain qualitative sur la mise en œuvre de l'index de l'égalité professionnelle femmes-hommes*, novembre 2021.

Impressionnant. Mais il y a une subtilité. Ces contrôles ne vérifient pas l'exactitude des notes, ils vérifient que les notes ont été publiées. En gros, qu'elles sont disponibles, pas qu'elles sont correctes. La différence est de taille[1].

La création de cet index a eu le mérite de mettre sur la table le sujet et de forcer les entreprises à se pencher dessus. Ceux qui sont réticents et veulent tricher le peuvent évidemment. Mais l'être humain n'étant pas à 100 % pourri, un certain nombre reconnaissent que cela leur a appris à penser différemment. De plus, l'index est perfectible, il va être modifié pour devenir plus efficace.

Serait-il possible de procéder autrement ? Évidemment. Interrogée par la journaliste Anne-Dominique Correa, la chercheuse Inès Wagner donne l'exemple de l'Islande[2]. Ce pays connaissait le même problème d'inégalité salariale que la France. Mais, là-bas, le choc financier de 2008 a été attribué en partie à la masculinité toxique du secteur financier. Ce contexte a favorisé l'émergence d'un nouveau parti, le Parti de la réforme, qui a remporté les élections en 2017, avec comme priorité de lutter contre les inégalités entre les femmes et les hommes.

Les entreprises doivent faire la preuve qu'il n'y a pas de discrimination salariale, et le contrôle ne se fait pas en interne mais en externe. L'ensemble du processus a permis aux entreprises de remettre à plat leur grille salariale.

« D'abord, les départements RH ont créé des groupes de discussion au sein des entreprises pour redéfinir les salaires des postes en fonction de quatre critères principaux :

---

1. Sur le sujet, je vous conseille l'article de Claire Chaudière, « Égalité salariale : les étonnants progrès des grandes entreprises », France Inter, 1er mars 2020.

2. Newsletter économique des Glorieuses, novembre 2020.

l'expertise, la responsabilité, l'effort et l'environnement de travail. Par exemple, certains titres de postes, comme celui de "représentant", étaient utilisés de manière abusive pour survaloriser des salaires. Cette première étape a obligé à mieux définir les tâches de chaque poste. Dans un deuxième temps, le salaire a pu être ajusté en fonction d'autres atouts liés au profil de l'employé, comme l'éducation, les compétences, l'expérience et les langues.

« Une fois que les entreprises ont mis au point leur politique salariale, un organisme d'accréditation externe inspecte leurs livres comptables. [...] Avant cette loi, c'était à l'employé de prouver qu'il n'était pas payé justement, et de dénoncer son employeur. C'est maintenant à l'employeur de prouver qu'il paye un salaire égal aux hommes et aux femmes de son entreprise. »

Bien sûr, vu le petit nombre d'entreprises en Islande, il est plus facile de les contrôler qu'en France.

La transparence des salaires

Une autre demande pour favoriser cette égalité, c'est la transparence des salaires. En Allemagne, depuis 2018, dans les entreprises de plus de 200 personnes salariées, les femmes peuvent connaître les salaires de 6 de leurs collègues occupant des postes équivalents. Elles n'ont pas accès au salaire de telle personne précise, mais l'entreprise doit leur fournir un salaire médian calculé à partir des rémunérations de 6 collègues qui remplissent des fonctions comparables. Les petits à-côtés, comme les voitures de fonction ou les bonus, sont inclus. Cela leur permet de se situer.

Mais le vrai changement va venir de l'Europe avec sa directive sur la transparence et l'égalité des rémunérations de mai 2023. On y trouve quoi ?

Des choses assez concrètes concernant l'embauche : obligation pour le recruteur de communiquer une rémunération de base, interdiction de demander aux candidats leur salaire actuel ou passé. Et un droit à l'information sur les moyennes salariales par sexe dans l'entreprise.

Cette directive doit être transposée en France à partir de 2025.

J'en profite pour glisser un mot aux hommes qui se demandent ce qu'ils peuvent faire concrètement pour lutter contre cette discrimination. Il y a une chose toute simple, n'hésitez pas à parler rémunération avec vos collègues femmes, évoquez également vos primes et les différents avantages dont vous pouvez bénéficier. Elles n'oseront peut-être pas vous poser la question frontalement, alors abordez vous-mêmes le sujet afin qu'elles puissent comparer votre salaire au leur.

C'est d'autant plus nécessaire que les femmes ont tendance à se satisfaire de leur salaire, même quand il est inférieur à celui des hommes. Vous vous rappelez les Anglaises plus contentes de leur argent de poche que les Anglais alors qu'elles touchent moins ? Eh bien, on constate le même phénomène au sujet des salaires.

Une explication de cette étrangeté, c'est que les femmes pratiquent une comparaison intragenre. Elles ne comparent pas leur salaire avec celui de leurs collègues masculins, elles le comparent avec celui des femmes de leur entourage. Voire de leur mère ou de leurs grands-mères. Vu sous cet angle, elles se félicitent de leurs conditions de travail[1].

---

1. Pour davantage de détails sur ce sujet, voir l'excellent article de Christian Baudelot et de Delphine Serre, « Les paradoxes d'une satisfaction : ou comment les femmes jugent leur salaire », *Travail, genre et sociétés*, vol. 15, n° 1 [en ligne], Armand Colin, 2006, p. 121-138.

Plus le temps passe, plus Gwendoline sait qu'elle risque d'être moins payée qu'un homme. Elle a lu des articles sur le sujet. Elle se rend bien compte qu'elle a tendance à se dévaloriser et à ne pas oser. Elle essaie de prendre confiance en elle pour mieux se faire respecter et reconnaître à sa juste valeur au travail. Elle a même mis au point une phrase secrète qu'elle se répète devant le miroir les jours importants. Mais ce n'est pas à Gwendoline de mettre fin aux discriminations salariales. Cela ne peut et ne doit pas reposer sur ses épaules. C'est à l'État, aux politiques, d'agir concrètement. On ne réglera pas la question des inégalités économiques en se contentant de livres de développement personnel pour que les femmes apprennent à prendre confiance en elles et à mieux négocier leur salaire.

4.
Où notre héroïne emménage avec l'homme qu'elle aime et ne se demande pas une seconde comment organiser leurs finances communes

Entre Gwendoline et Richard, c'est l'amour. Richard est plutôt un brave type. Il est gentil avec elle. Au bout de trois ans de relation, il s'est décidé à partir de chez ses parents et nos tourtereaux vivent désormais ensemble. Je ne vous raconte pas l'état d'euphorie de Gwendoline.

Pourtant, à ce stade de sa vie, elle devrait se poser quelques questions. Par exemple, comment répartir les dépenses de façon équitable entre lui et elle ? Et qui prend en charge quelle tâche ménagère ?

Mais Gwendoline préfère faire l'amour sur chaque centimètre carré de parquet plutôt que de se demander qui va lessiver ledit parquet.

Loin de moi l'idée de la juger. J'ai fait exactement la même chose.

L'emménagement à deux, c'est le moment où le couple met au point son organisation financière. Les dépenses sont communes alors que les rentrées d'argent sont individuelles, cela demande de toute évidence une répartition. Mais chez moi, on n'avait pas bien saisi cet aspect des choses.

Compte commun, ou pas

Quand vous demandez à un couple comment s'est mise en place la répartition des tâches ménagères, dans la majorité des cas, la réponse va être : « Ça s'est fait comme ça. »

En ce qui concerne mon couple et l'argent, pendant très longtemps, nous étions à un stade encore plus régressif que le « Ça s'est fait comme ça ». Nous vivions à l'ère du « Ça ne s'est pas fait du tout ». Pendant des années, nous n'avons mis en place aucune organisation financière.

Imaginez le début d'une relation amoureuse. On va au cinéma, au restaurant, au café, au concert – c'est une période bienheureuse, lors de laquelle, plein d'entrain et d'énergie, on multiplie les activités sociales. Et, souvent, on paye à tour de rôle, ou alors en suivant le principe implicite du « Qui propose paye ». Tous les couples traversent cette période. Mon couple a connu cela.

Et puis les années ont passé et... rien. Alors, certes, nous avions arrêté de sortir pour nous avouer que notre plus grand bonheur consistait à s'affaler sur le canapé à 20 heures. Mais, financièrement, rien n'avait changé, ce que l'on pouvait considérer simultanément comme une absurdité et comme un exploit. Nous vivions comme si nous sortions ensemble depuis deux semaines, et ce, malgré deux enfants.

Comment cela se passait-il concrètement ? Notre organisation ne tournait pas autour d'un compte bancaire commun, puisque nous n'en avions pas. Ni d'un tableur. Ni d'un livre de comptes.

Notre arrangement financier reposait sur un meuble. Un meuble que vous avez peut-être également chez vous, ci-après dénommé le « meuble à merdouilles » ou le « meuble à tiroir à merdouilles ». C'est celui qui se situe vers la porte d'entrée et sur lequel on pose des clés qui n'ouvrent plus rien, des tickets de caisse, des papiers, des paquets de chewing-gums. Nous, dessus, nous posions des factures que l'un ou l'autre était libre de prendre pour les payer. C'était à coups de « Je gère EDF ce mois-ci » et de « La crèche, c'est toi ou moi qui s'en occupe ? ». Et, parfois, nous avions un coup de stress à cause des lettres de relance.

L'une des raisons de ce n'importe quoi, c'est que nous n'avions pas de compte joint, c'est-à-dire un compte bancaire à tous les deux. Et sans compte joint, personne ne s'était décidé à mettre en place des prélèvements automatiques sur son compte personnel pour des choses communes. On pourrait croire que notre désinvolture s'expliquait par des origines sociales aisées, mais pas du tout. Nous avions grandi avec des parents qui ne roulaient franchement pas sur l'or.

De mon côté, je pense même que c'était l'inverse. À l'orée de l'âge adulte, j'avais vécu dans une assez grande précarité et cela avait déterminé ma manière de gérer mes finances. Ainsi, ne pas souscrire à des prélèvements automatiques m'avait longtemps permis de jongler avec les dates des dépenses. Je payais tout par chèque – y compris mon loyer –, ce qui permettait de décaler les paiements de quelques jours. J'ai découvert assez récemment qu'il s'agissait d'une stratégie habituelle des classes défavorisées, comme l'explique le sociologue Denis Colombi dans son livre passionnant *Où va l'argent des pauvres*. Le prélèvement automatique, c'est un luxe qui permet de se débarrasser d'une charge mentale. Le jour où j'ai décidé de franchir le cap de mensualiser et d'automatiser la plupart de mes paiements, j'ai découvert un confort psychologique insoupçonné.

Avec l'argent, il y a un côté totalement irrationnel. Outre les habitudes prises à une certaine période, le fait d'avoir été pauvre m'avait traumatisée. Ma théorie, c'est que les problèmes d'argent, on ne s'en remet jamais tout à fait. On en garde des traces, inscrites dans les replis neuronaux les plus profonds, et qui se manifestent par de brusques sensations de panique.

Je trouvais miraculeux d'avoir réussi à m'en sortir, et un peu inattendu aussi. Si bien que ma situation financière m'apparaissait comme une bulle susceptible d'éclater à tout moment. Si j'allais y regarder de trop près, si j'essayais de toucher cette bulle, elle exploserait et les galères recommenceraient.

Je n'étais pas seulement mal à l'aise avec l'argent. C'était pire, j'avais basculé dans la superstition. Si je regardais mes relevés, les sous se mettraient à fondre. Si je commençais à calculer, mes économies s'envoleraient. J'aurais pu m'installer avec quelqu'un qui aurait contrebalancé ces absurdités. Mais pas du tout. J'avais choisi de vivre avec une personne aussi irrationnelle que moi. À nous deux, nous formions une espèce de couple de canards boiteux dont les angoisses s'additionnaient.

Une histoire d'amour, c'est aussi une belle somme de névroses, et le sujet financier ne fait pas exception.

Grâce à la sociologue Caroline Henchoz[1], j'ai découvert que notre manière de fonctionner, celle qui consiste à faire le moins de comptabilité possible, avait un nom. Cela s'appelle le « don réciproque », et c'est ce que font les couples pendant la phase de séduction. Après deux enfants et un achat immobilier, nous étions toujours financièrement dans la phase de séduction, je trouvais cela charmant.

Mais c'était également absurde.

Nous naviguions à l'aveugle. Aucun des deux ne savait combien chacun dépensait ni à quelle proportion nous

1. *Le Couple, l'Amour et l'Argent*, L'Harmattan, 2008.

participipions au budget de la maison. Et chacun avait l'impression d'être celui ou celle qui payait le plus.

Comment font les autres

Mais nous n'étions pas le seul couple nul en finances de France. En effet, 72 % des couples déclarant mettre en commun tous leurs revenus et 65 % de ceux ayant à l'inverse opté pour une séparation totale indiquent que cela s'est mis en place sans qu'ils y aient vraiment réfléchi[1]. Bravo, tout le monde...

Des travaux menés par la sociologue Hélène Belleau auprès de 3600 personnes au Québec révélaient que 40 % des couples ne parlaient jamais de l'organisation de leur budget. Chiffres que confirme celui-ci : 90 % des couples disent n'avoir jamais changé de système. Non seulement on décide sans réfléchir, mais, en plus, après, on n'y pense plus jamais.

D'après des chercheuses qui mènent en ce moment une étude sur le sujet, il semble difficile « de remettre en cause le contrat de départ. [...] En conséquence, les partenaires doivent veiller à ce que leur point de vue soit pris en compte sur le plan financier dès les premières phases de leur relation amoureuse[2] ». Cela étant, il est tout de même possible de changer par la suite, j'en suis la preuve. Mais cela risque d'être plus conflictuel que lorsqu'un cadre est posé dès le début de la relation.

---

1. Sophie Ponthieux, « La mise en commun des revenus dans les couples », *INSEE Première*, n° 1409 [en ligne], INSEE, juillet 2012.
2. Sarah Benmoyal Bouzaglo, Corina Paraschiv et Maïva Ropaul, « La gestion de l'argent au sein du couple, un reflet de la conception d'une relation amoureuse » [en ligne], sur le média The Conversation France, janvier 2022.

Et il y a pire. Il y a des gens qui ne savent pas combien gagne exactement leur partenaire ou ce qu'il ou elle possède. C'est particulièrement vrai chez les couples fortunés. On y produit de la complexité grâce à des intermédiaires – notaire, avocat, gestionnaire –, qui permettent de maintenir le montant de la richesse dans l'opacité. Cette ignorance pose ensuite des problèmes lors des divorces. Une étude de la banque suisse UBS, sortie en 2019, révélait ainsi que 76 % des femmes veuves ou divorcées interrogées auraient souhaité s'être davantage impliquées dans les décisions financières à long terme.

De tout cela, on déduira que la plupart des couples n'ont pas eu une discussion de fond sur le sujet. Comme si les partenaires étaient d'accord avant même d'en parler. Mais être d'accord, est-ce vraiment l'assurance d'une égalité ? Dans le fond, est-ce que l'on n'est pas d'accord avant tout sur notre vision de l'amour ? Sur l'histoire d'amour que l'on veut avoir ensemble ? Ou même sur l'image que l'on veut se donner à nous-mêmes de notre histoire d'amour ?

Dans un couple, parler d'argent reste délicat. Comme si défendre son intérêt personnel revenait à dire « Je ne crois pas en notre amour. » On bute là sur un premier tabou. Cela revient souvent à envisager que l'on ne sera pas toujours ensemble. Or, pendant la vie conjugale, personne ne veut évoquer une hypothétique rupture.

Cela envoie aussi comme message « Mon intérêt passe avant notre amour. » Ce serait de l'égoïsme, et l'égoïsme, ce n'est pas bien. L'amour, c'est le partage et la générosité. C'est faire passer l'autre avant soi.

En vérité, tout cela naît d'une situation paradoxale. Avant, on se mariait pour des raisons économiques. Il s'agissait des fameux mariages de raison. Ils duraient très longtemps, souvent toute une vie. À l'inverse, la famille moderne s'est libérée de ces contraintes et dépendances financières. Ce qui caractérise le couple moderne, c'est qu'il repose sur un choix d'ordre sentimental. Or, en se mariant par amour, la probabilité d'une séparation est plus grande. Ainsi, il semble logique que chaque partenaire protège ses intérêts économiques.

Mais on fait exactement l'inverse, on continue d'agir comme au temps des mariages de raison qui duraient pour toujours. Non seulement l'amour ne devrait pas nous empêcher de sécuriser notre situation économique individuelle, mais il devrait même nous y encourager. D'autant que, comme nous allons le voir, ne pas compter, dans un couple, profite souvent à un seul des deux.

Alors, concrètement, comment les Françaises et les Français en couple organisent-ils leurs finances ?

D'après l'INSEE, 64 % des couples mettent tout en commun[1]. Cela inclut les personnes retraitées, chez qui c'est plus fréquent que chez les générations suivantes. En effet, cette pratique tend à diminuer ces dernières années. Si on considère les foyers où les deux partenaires travaillent, 59 % mettent tout en commun. À mon grand étonnement, cela reste majoritaire. 59 % des couples d'actifs n'utilisent que le compte joint.

En parlant de ce sujet autour de moi, j'ai découvert avec stupéfaction que c'était le cas de plusieurs de mes amis. Mais, le plus drôle, c'est qu'eux étaient effarés de découvrir que nous, nous ne faisions rien en commun. L'incompréhension était totale.

Quand je leur ai demandé pourquoi ils avaient renoncé au compte individuel, ils m'ont tous donné comme première motivation le fait de « se prendre la tête le moins

---

1. Sophie Ponthieux, « La mise en commun des revenus dans les couples », art. cit.

possible ». Les deux salaires sont versés sur le compte joint, il n'y a pas à calculer qui paye quoi. Évidemment, reste le délicat sujet des cadeaux, car chacun puise dans l'argent commun pour offrir un présent à l'autre. Mais un cadeau, ce n'est pas qu'un prix, c'est avant tout une attention. Le fait que le cadeau soit payé avec les sous des deux doit être compensé par le soin apporté dans le choix du présent.

J'ai tout de même remarqué qu'autour de moi, cette solution était adoptée par des couples qui étaient ensemble depuis au minimum plus de dix ans, voire depuis l'adolescence. Cette manière de faire correspond à un idéal d'amour fusionnel.

Cette répartition se retrouve également plus souvent chez les foyers modestes. Plus on est riche et diplômé, moins on met en commun. Je vous laisse en déduire la leçon de vie que vous voulez. En outre, si on a déjà vécu en couple, on mutualisera moins, selon le principe du chat échaudé.

La peur de manquer

Mais tout mettre en commun pose un autre problème, qui certes concerne tous les couples, mais peut-être de façon accrue ceux-là, comment prendre des décisions financières communes alors que l'on n'a pas le même rapport à l'argent ? Dans un couple, il y en a forcément un des deux qui est plus inquiet. Celle ou celui que je nomme familièrement « flippé du fric » et, en règle générale, les deux savent très bien qui c'est.

Par exemple, chez Gwendoline et Richard, c'est Richard. Il trouve toujours que c'est trop cher, et il a une peur pathologique de manquer. Gwendoline le taquine un peu, mais elle respecte ses inquiétudes.

Parce que l'argent, c'est aussi un marécage de traumas familiaux que l'on se coltine. Comment éviter les conflits quand on ne partage pas les mêmes névroses ? Quand on a un compte joint, comment gérer les dépenses de l'un et les angoisses de l'autre ? Tous les psys vous diront : « En parlant. » C'est effectivement le premier conseil que je pourrais donner. Parlez de votre rapport à l'argent, expliquez vos peurs. Cela permettra à l'autre de mieux comprendre vos réactions.

Or il arrive à certaines personnes de faire l'inverse. Plutôt que de parler honnêtement, on en vient à mentir pour des broutilles.

C'est devenu mon jeu préféré sur le sujet. Je vous conseille d'essayer. Demandez aux gens autour de vous s'ils ont déjà menti à leur partenaire sur le montant d'un achat. Voici ce qui s'est passé quand j'ai posé la question à Marion et à François, qui ont pourtant chacun un compte en banque individuel, et qui ainsi, a priori, font ce qu'ils veulent de leur argent personnel.

François est un peu collectionneur. Il achète plein de films, des éditions rares, donc il avoue qu'il ment sur le prix. Mais il a également élaboré une autre stratégie : « Ce que je fais, c'est que je commande des trucs et, au lieu de les faire livrer à la maison – parce que j'en commande beaucoup, j'abuse un peu et je me dis que Marion va penser que j'abuse –, eh bah, je les fais livrer dans des points relais. » Marion, qui était présente lors de cet aveu, a éclaté de rire, puis a expliqué : « Parfois, j'ouvre la boîte aux lettres et ça déborde. Alors il est arrivé deux ou trois fois, mais vraiment pour la blague, que je prenne une photo et que je lui envoie en lui disant : "Eh bah, ça va, on se fait plaisir !" D'où, à mon avis, l'idée du point relais. » Elle avait conclu en regardant François dans les yeux : « Mais je te le dis, je m'en fous, tu fais ce que tu veux. »

D'autant qu'il dépensait son argent à lui. Il avait admis qu'il ne s'agissait pas vraiment de Marion, mais de lui par rapport à lui-même.

Pour certaines personnes, le couple, c'est aussi être placé sous la surveillance de l'œil de l'autre, surtout quand on fait argent commun. Ce qui n'est évidemment pas sans rappeler le rapport aux parents, en tant que figures de juges suprêmes. D'ailleurs, on peut imaginer une variante de cette question : adulte, avez-vous déjà menti à vos parents sur le montant d'une dépense ? Plusieurs personnes m'ont répondu par l'affirmative, et je tiens à souligner une réponse, déviante, d'une personne qui m'a dit : « Oui, je dis toujours que ça a coûté plus cher. »

J'avais également abordé ce sujet avec Michelle Perrot, l'immense historienne, spécialiste à la fois du monde ouvrier et de l'histoire des femmes. Je lui avais demandé si je pouvais l'interviewer au sujet des couples et de leur manière de gérer leurs finances. Elle avait accepté et m'avait proposé de la rejoindre chez elle. J'étais extrêmement impressionnée en arrivant. Je tenais entre mes mains une petite orchidée, que je lui ai tendue en bredouillant : « Pour vous... vous remercier... Honneur... » Elle avait haussé les épaules en me répondant : « Ne soyez pas ridicule. » Une fois assises dans sa bibliothèque, alors que je m'attendais à ce qu'elle me parle de ses travaux sur le sujet, j'avais été surprise que la discussion prenne un tour beaucoup plus personnel, qu'elle évoque sa vie privée. Elle m'a ainsi raconté qu'elle aussi avait menti à son mari au sujet de certains achats.

« Par exemple, pour m'habiller, mon budget vêtements était supérieur au sien. Quand je m'achetais un truc et qu'il me demandait combien ça avait coûté, je minimisais. Et même, il m'est arrivé de me faire une petite enveloppe avec un peu d'argent de côté pour les petites dépenses que je pouvais avoir. Tout cela était évidemment complètement psychologique puisque, dans notre couple, on était égalitaires et c'est moi qui gagnais plus. On était professeurs d'université tous les deux, mais moi j'étais à un grade au-dessus. En plus, j'ai gagné un peu d'argent avec les livres. Donc je n'avais aucune raison objective de faire ça. Mais je l'ai fait quand même. »

Même Michelle Perrot. Il n'y a pas que dans mon couple que l'on entretient un étrange rapport à l'argent.

Mais d'où cela vient-il ?

Pour comprendre mon propre rapport à la conjugalité et à l'argent, j'ai interrogé ma mère.

Vous m'excuserez, je vais vous infliger un petit topo familial.

Ma mère a été mariée trois fois. Avec son deuxième mari, Michel, elle a eu ma sœur. Et moi, je suis issue du troisième mariage. Pour ma sœur, ma mère a touché une pension alimentaire généreuse. En revanche, elle n'a rien demandé à mon père au moment de leur séparation. Elle m'a élevée seule, y compris financièrement.

Il y a une chose que les enfants ne font pas – même une fois devenus adultes –, c'est interroger leurs parents sur leur gestion financière. Je n'avais jamais demandé à ma mère : « Avec mon père, est-ce que vous aviez un compte commun ? » Voici notre échange le jour où je me suis décidée à aborder le sujet :

« Non, non, me dit-elle, je n'ai pas eu de compte commun avec lui. J'en ai eu un avec Michel.

– Donc vous faisiez comment ?

– Je réglais les factures et il me donnait du liquide. Très difficilement, d'ailleurs. J'avais beaucoup de mal à l'obtenir.

– Et ça demandait que vous fassiez les comptes régulièrement, et il fallait que toi, tu ailles réclamer de l'argent.

– Oui, il fallait que je lui réclame. Et pas qu'une fois.

– Et la répartition des frais, c'était 50-50 ? Chacun paye la moitié ?

– Non.

– Tu lui demandais à peu près 30 % ?

– De cet ordre-là, oui. Et, ensuite, je ne lui ai jamais demandé de pension. Pour toi, je n'ai jamais eu la moindre pension. Avec Michel, c'était une situation totalement différente. On avait un compte commun. Puis j'ai eu une grosse pension, qu'il a versée longtemps. Cela étant, après c'est moi qui l'ai dépanné quand il a eu des soucis. Comme il avait perdu son boulot, je lui ai dit : "La pension, c'est bon, tu arrêtes, mais en plus je peux te prêter de l'argent, si tu veux." Je lui en ai prêté, et moi, ça m'a fait plaisir. »

Cette discussion a retenti comme un bruit d'explosion dans ma tête. Mes parents n'avaient pas de compte joint, et donc c'était le bordel.

Ce qui n'était pas sans rappeler ma propre situation. J'étais en train de réitérer la même erreur.

Le « don » des femmes

Ce que me racontait ma mère correspondait également à un théorème simple concernant les couples, l'argent et les classes sociales : plus il y a d'argent, plus ce sont les hommes qui s'en occupent. Ainsi, dans les foyers aisés, les hommes vont gérer les aspects financiers.

À l'inverse, moins il y a d'argent, plus ce sont les femmes qui s'en chargent. En France, une célèbre étude sur le sujet a été menée par Olivier Schwartz en 1990 dans son livre *Le Monde privé des ouvriers. Hommes et femmes du Nord*.

Que les femmes soient responsables du budget dans les milieux populaires a parfois été vu comme une preuve de leur pouvoir. Dans les foyers ouvriers, les hommes pouvaient même être amenés à confier leur salaire à leur femme. Au XIXe siècle, on disait qu'elles étaient les « ministres des Finances de la famille ».

Mais, comme souvent s'agissant des femmes, il y a un piège. Ce que ces femmes gèrent, en réalité, ce n'est pas l'argent, mais son manque.

Et puisqu'elles sont responsables du budget, elles en sont également coupables. Si on manque d'argent, si quelqu'un est malade ou au chômage, ce sont elles qui vont se priver en premier. D'ailleurs, pendant longtemps, elles ont donné la viande et le vin en priorité à l'homme, tandis qu'elles se contentaient de lait, de fromage et des restes.

Plus récemment, la sociologue Camille François s'est intéressée au recouvrement des loyers impayés chez un bailleur social de la banlieue parisienne[1]. Les agents chargés de récupérer les arriérés de loyer expliquent cibler en priorité les femmes. « Cette dimension sexuée du recouvrement ne résulte pas uniquement de la surreprésentation des familles monoparentales parmi les ménages pauvres et endettés, ni de la division sexuée du travail domestique au sein des couples ou des lignées. Elle est également le résultat d'un ciblage assumé par les agents institutionnels. » Mais pourquoi s'adresser aux femmes plutôt qu'aux hommes ? Elle cite une agente : « Nous, on préfère que ce soit les femmes, le message passe mieux ! Elles sont plus sérieuses que les hommes, elles nous

1. Camille François, « Faire payer les femmes : le sexe du recouvrement des dettes de loyer », dans Catherine Bonvalet, Pascale Dietrich-Ragon et Anne Lambert (dir.), *Le Monde privé des femmes. Genre et habitat dans la société française* [en ligne], INED Éditions, 2018, p. 231-250.

écoutent plus ! » Ensuite, charge aux femmes d'ajuster le budget, de répondre aux sollicitations, de faire patienter tel organisme, de demander un délai à tel autre.

Cette notion de « pouvoir » des femmes des milieux populaires est donc à nuancer. En réalité, les hommes gèrent la fortune et les femmes la pauvreté – ce qui, au passage, demande de véritables compétences économiques. Denis Colombi insiste sur les coûts psychologique, nerveux et physique de cette responsabilité. « Le travail financier harassant qu'impose la pauvreté est pris d'abord et avant tout en charge par les femmes. Ce sont elles qui ont la mission de faire respecter l'ascétisme imposé par la misère. Ce sont elles qui, les premières, s'inquiètent et perdent le sommeil lorsque l'argent manque et que les dettes s'accumulent. Ce sont elles, surtout, qui mettent en place les stratégies de gestion[1]. »

Le rapport des femmes à l'argent du ménage est de l'ordre du sacrifice. Mais pourquoi ? J'ai posé la question à Michelle Perrot.

« La construction de la féminité, c'est le don. Les femmes donnent. Elles sont au départ dans une société à peine monétaire, où c'est don et contre-don. Elles donnent leur lait, leur corps, leur temps. Avec en même temps l'idée que ça fait partie de la féminité : une femme donne, elle est faite pour ça. Et c'est son honneur. Donc, compter et calculer, ce n'est pas féminin. » Car, ce qui caractérise le don, c'est l'absence de droit à exiger une contrepartie.

« L'homme manie l'argent dans l'entreprise, le capitalisme, la banque. Dans les sociétés paysannes, les femmes avaient accès à de petites sommes. Le meilleur exemple, c'est chez La Fontaine. »

---

1. Denis Colombi, *Où va l'argent des pauvres*, Payot, 2020.

Et là, le temps s'est suspendu pendant un moment magique. Michelle Perrot m'a récité tout à trac la fable de *La Laitière et le Pot au lait*.

Perrette, sur sa tête ayant un Pot au lait
Bien posé sur un coussinet,
Prétendait arriver sans encombre à la ville.
Légère et court vêtue elle allait à grands pas ;
Ayant mis ce jour-là, pour être plus agile
Cotillon simple, et souliers plats.
Notre Laitière ainsi troussée
Comptait déjà dans sa pensée
Tout le prix de son lait, en employait l'argent,
Achetait un cent d'œufs, faisait triple couvée ;
La chose allait à bien par son soin diligent.
Il m'est, disait-elle, facile
D'élever des poulets autour de ma maison :
Le Renard sera bien habile,
S'il ne m'en laisse assez pour avoir un cochon.
Le porc à s'engraisser coûtera peu de son ;
Il était quand je l'eus de grosseur raisonnable ;
J'aurai le revendant de l'argent bel et bon.
Et qui m'empêchera de mettre en notre étable,
Vu le prix dont il est, une vache et son veau,
Que je verrai sauter au milieu du troupeau ?
Perrette là-dessus saute aussi, transportée.
Le lait tombe ; adieu veau, vache, cochon, couvée ;
La Dame de ces biens, quittant d'un œil marri
Sa fortune ainsi répandue,
Va s'excuser à son mari
En grand danger d'être battue.
Le récit en farce en fut fait ;
On l'appela le Pot au lait. [...]

Je n'avais jamais prêté attention à ce que racontait cette histoire. Perrette part vendre son lait au marché. En chemin, elle calcule qu'avec ce qu'elle va gagner, elle pourra s'acheter des œufs, et donc avoir des poulets, qui lui permettront de s'enrichir suffisamment pour obtenir un cochon, etc. Perrette ne pense qu'à sa fortune personnelle, même pas à sa famille. Ce faisant, elle contrevient à la féminité.

Et Michelle Perrot de conclure : « La fable est formidable, La Fontaine dit au fond qu'elle est punie parce qu'une femme n'a pas à penser à s'enrichir. Adieu veau, vache, cochon, couvée. »

5.
Où notre héroïne laisse place aux femmes de l'Histoire, Marie-Antoinette, Thérèse Humbert et la folle aventure de l'épargne

Si nous sommes toutes et tous influencés par l'attitude de nos parents face à l'argent, un autre facteur pèse lourdement : l'histoire collective. Ainsi, il existe une histoire des femmes et de l'argent que l'on ignore en grande partie alors qu'elle continue de façonner nos manières de faire.

Nous n'allons pas remonter au troc de coquillages au Paléolithique, restons avec Perrette. Si elle est punie pour avoir pensé à s'enrichir, elle se rend tout de même au marché pour faire des affaires.

Les femmes n'étaient pas exclues du commerce sous l'Ancien Régime – la période avant la Révolution de 1789. Elles étaient très souvent marchandes publiques, elles vendaient ce qu'elles avaient fabriqué ou cultivé, sans avoir besoin de l'autorisation d'un homme. À titre d'exemple : « À Toulouse dans les années 1760, les femmes représentent environ 40 % du total des commerçants enregistrés dans le petit commerce[1]. » Elles sont présentes dans la vente de produits textiles et alimentaires – des domaines traditionnellement féminins –,

1. Christine Dousset, « Commerce et travail des femmes à l'époque moderne en France », *Les Cahiers de FRAMESPA*, vol. 2 [en ligne], 2006.

mais on les trouve également marchandes de bois, de charbon, libraires.

La règle « Plus il y a d'argent en jeu, moins il y a de femmes », soit l'équation *+ d'argent = – de femmes*, reste évidemment valable. À l'époque, aucune loi n'interdit aux femmes de faire fortune dans les affaires, mais elles sont statistiquement peu nombreuses en haut de l'échelle économique.

Une directrice commerciale au XVIe siècle

Parmi les femmes d'affaires célèbres, citons au XVIe siècle Madeleine Lartessuti. En 1502, à 24 ans, elle se sépare de son mari, qu'elle laisse à Avignon. Elle part s'installer à Marseille, où elle fonde avec son amant une entreprise de commerce maritime à destination de l'Afrique du Nord, de l'Italie et de l'Égypte. Lui navigue, elle s'occupe de tout le reste. Grosso modo, elle est directrice commerciale. Elle devient extrêmement puissante. On a même une lettre que lui a adressée le roi François Ier pour lui demander de lui prêter un bateau. Un peu d'ancien français dans le texte pour le plaisir. « Magdeleine. Pour ce que j'ay advisé d'envoyer presentement quelque nombre de galleres et autres gros vaisseaulx droit au royaume de Naples, pour renforcer mon armée de mer y estant de present, a ceste cause, je vous prie surtout le service que vous me desirez faire, que incontinent et en la plus grande diligence que fere se pourra, vous vueillez fere armer et equipper de tout ce qui sera requis et necessaire, la gallere[1]. » Elle acceptera, mais, en femme d'affaires avisée, elle demandera un dédommagement.

1. Voir dans Catherine Rigollet, *Les Conquérantes. Du Moyen Âge au XXe siècle*, Nil Éditions, 1996.

En bas de l'échelle sociale, c'est parce qu'elles gèrent l'argent et le manque que l'on a longtemps pensé que les femmes ne participaient qu'aux émeutes de la faim. En réalité, elles étaient présentes dans toutes les révoltes, souvent même au premier rang, sans doute en partie parce qu'elles risquaient pénalement moins.

Reste que la manifestation des femmes la plus célèbre concerne effectivement la nourriture. C'est celle du 5 octobre 1789. Que se passe-t-il ce jour-là ? Le prix du pain s'envole. Or les récoltes de l'été ont été bonnes. Les Parisiennes ne comprennent pas ces prix dignes des pires périodes de pénurie.

La Révolution a déjà commencé, même si Louis XVI a encore la cote. Il vit dans son château à Versailles, où les députés sont également depuis des semaines. Ils ont rédigé la Déclaration des droits de l'homme du citoyen, que le roi refuse encore de signer. Les choses stagnent. Alors, en voyant le prix du pain, le peuple de Paris commence à soupçonner un complot. Les femmes, qui patientent des heures durant devant les boulangeries, échangent leurs hypothèses. Des gens puissants ne confisqueraient-ils pas le blé pour affamer le peuple ? Serait-ce une punition après la prise de la Bastille ?

Une tradition veut que les marchandes des Halles aillent tous les ans à Versailles pour exposer au roi et à la reine leurs doléances. Il s'agit de leur présenter leurs respects et de leur dire tout ce qui ne va pas. Le 5 octobre, vers 10 heures du matin, elles décident donc de se rendre à Versailles pour parler à la famille royale de la pénurie de pain. Ce jour-là, il pleut et il fait froid. Elles vont marcher pendant six heures avant d'arriver devant le château.

Point anecdote. Marie-Antoinette regarde par la fenêtre en demandant qui sont ces personnes. On lui explique que les gens manifestent parce que le pain est trop cher. Et elle répond : « Ils n'ont qu'à manger de la brioche alors. »

Oui.

Mais non. Marie-Antoinette n'a jamais prononcé ces paroles.

Les chercheuses Véronique Campion-Vincent et Christine Shojaei Kawan expliquent que cette réplique circulait bien avant 1789[1]. Sous Louis XV déjà, on l'attribuait à Madame Victoire, l'une de ses filles, ou à Madame du Barry, sa dernière favorite en titre.

Cette rumeur servait à prouver combien les femmes de la noblesse étaient idiotes et déconnectées de la réalité. Et ce n'est que très récemment que l'on a collé cette réplique dans la bouche de Marie-Antoinette. On en trouve la trace en 1931, dans un livre allemand pour enfants, figurez-vous.

Ah, les *fake news*...

À Versailles, Louis XVI reçoit une délégation – dirigée par un homme, bien sûr. Le roi donne des charrettes de farine. Et le lendemain, un peu forcés, sa famille et lui prennent le chemin de Paris, accompagnés des Parisiennes et des Parisiens qui chantent : « Nous ne manquerons plus de pain, nous ramenons le boulanger, la boulangère et le petit mitron ! » – mitron étant le nom de l'apprenti boulanger.

La Révolution redémarre grâce à ces femmes qui géraient les courses et le budget.

1. « Marie-Antoinette et son célèbre dire : deux scénographies et deux siècles de désordres, trois niveaux de communication et trois modes accusatoires », *Annales historiques de la Révolution française*, vol. 327, n° 1 [en ligne], Armand Colin, 2002, p. 29-56.

Le Code civil, un retour de bâton

Et puis, mauvaise nouvelle pour toutes, arrive Napoléon Bonaparte. En 1804, il promulgue le Code civil, qui ôte tout pouvoir aux femmes mariées. Elles perdent le droit de gérer leur argent. Le mari est le chef de famille, il peut faire ce qu'il veut et prendre n'importe quelle décision sans consulter son épouse. En 1807, Napoléon enfonce le clou avec le Code de commerce, à propos duquel l'historien Jean-Pierre Nandrin écrit : « La nouveauté la plus spectaculaire est l'obligation imposée à une femme mariée désireuse de s'établir comme marchande publique d'obtenir le consentement du mari (article 4). L'établissement de l'autorisation maritale constitue, du point de vue du droit commercial, une véritable régression. Dans l'ancien droit l'autorisation du mari n'était pas nécessaire pour "faire commerce", nonobstant le fait qu'il ne pouvait y avoir d'opposition de sa part. Cette fois, l'autorisation est explicitement exigée, qu'elle soit expresse ou tacite[1]. »

À cette époque, le capitalisme se structure et ajoute des couches de bureaucratie qui vont pénaliser les femmes. Auparavant, elles bénéficiaient d'échanges informels qui se faisaient dans des cadres assez souples. Brusquement, on va édicter des règlements qui vont les exclure. On va créer des lieux de pouvoir officiellement non mixtes. Cela commence avec les écoles qui s'ouvrent pour former des « capitaines d'industrie », auxquelles elles n'ont évidemment pas accès. Dans ces écoles, les hommes vont acquérir un réseau d'influence exclusivement masculin.

---

1. « L'évolution du statut juridique de la femme indépendante », *Hommes et Normes. Enjeux et débats du métier d'un historien* [en ligne], Presses de l'Université Saint-Louis, 2016.

Il devient également de plus en plus difficile pour elles d'intervenir dans les transactions commerciales. Finis les prêts qui se négociaient entre individus ou petites structures. Désormais, il faut les souscrire auprès d'une banque, espace où elles n'ont pas ou peu de légitimité.

De même, en ce qui concerne la vente du blé, il faut se rendre à la Bourse aux céréales. La Bourse financière leur est interdite, à la fois comme pratique et comme lieu physique, elles n'ont pas le droit d'y mettre les pieds.

L'institutionnalisation du capitalisme se fait donc en excluant les femmes, en respect de l'idéologie qui prévalait au XIXe siècle. La « théorie des deux sphères » postulait que l'espace naturel de la femme était la maison, alors que l'homme était biologiquement programmé pour se tourner vers l'extérieur, tel son fier phallus dressé vers le monde à conquérir.

Cette perte d'autonomie des femmes est particulièrement visible dans les classes bourgeoises, notamment parmi les familles de commerçants. Dans les périodes précédentes, même si les hommes avaient davantage de droits que leur compagne, le couple fonctionnait souvent comme une association. L'historienne Catherine Hall en donne un exemple concret[1]. Au début du XIXe siècle, dans un couple de parents, la mère s'occupait certes de la maison et des enfants, mais, habitant au-dessus du magasin de textile, elle gérait également le commerce. La correspondance entre les époux prouve que la femme était associée aux décisions, y compris financières. À la génération suivante, leur fils et son épouse reprennent l'affaire familiale, qui est florissante. Ils achètent une

---

1. « Sweet Home », dans Philippe Ariès et Georges Duby (dir.), *Histoire de la vie privée*, Michelle Perrot (dir.), t. IV, *De la Révolution à la Grande Guerre*, Le Seuil, 1987.

belle maison, située plus loin, à l'extérieur de la ville. Géographiquement, la jeune femme ne peut plus s'occuper des affaires. Elle est cantonnée dans un autre espace, celui des enfants et du foyer[1].

L'escroquerie au féminin

Cette exclusion des femmes des milieux d'argent rend d'autant plus remarquable le destin d'une Thérèse Humbert, surnommée « la reine de l'escroquerie ». Comment escroquer quand on n'a pas légalement accès à l'argent ?

Si Balzac a écrit les histoires qu'il aurait aimé vivre, Thérèse a vécu des aventures qui auraient fait un excellent roman-feuilleton[2].

Thérèse Humbert naît en 1855, dans une famille d'agriculteurs, à quelques kilomètres de Toulouse. Cela aurait pu être banal si son père n'avait pas été particulièrement imaginatif. Toujours fauché, il s'était inventé un oncle d'Amérique à la tête d'une immense fortune, dont il venait justement d'hériter… *Mais, vous savez, la justice américaine est très lente, je n'ai pas encore touché l'argent, ça ne saurait tarder, tenez d'ailleurs, regardez, j'ai les papiers, là, vous voyez, donc si vous pouviez m'avancer*

---

1. Le même processus a été étudié chez les bourgeoises du nord de la France par l'historienne Bonnie G. Smith, *Ladies of the Leisure Class : The Bourgeoises of Northern France in the Nineteenth Century*, Princeton University Press, 1981 (traduit en français aux éditions Perrin en 1989).
2. Sa vie a été racontée par Frédéric Chauvaud : « "Les millions et les picaillons" de la "Grande Thérèse" (1878-1903) », dans Frédéric Chauvaud et Gilles Malandain (dir.), *Impossibles victimes, impossibles coupables. Les femmes devant la justice (XIXe-XXe siècles)*, Presses universitaires de Rennes, 2009, p. 213-228.

quelques billets le temps que... Merci bien. Le père de Thérèse pratiquait avant l'heure ce que l'on appelle sur Internet le «*scam* 419», ou «arnaque nigériane».

Thérèse est donc à bonne école.

D'ailleurs, adolescente, elle fait déjà preuve de débrouillardise. Elle a compris qu'à défaut d'être riche, il faut le paraître. Avec ses copines, elles mettent en commun leurs bijoux. Quand l'une a un rendez-vous galant, elle porte ceux de toute la bande pour paraître plus à l'aise financièrement qu'elle n'est.

Il lui faut au moins ça, car Thérèse n'est pas belle et, en plus, elle zozote. Un défaut de prononciation dont on se moquera allègrement.

Mais, finalement, mari il y a, à partir de 1878. L'heureux élu est un étudiant en droit, Frédéric Humbert, dont le père est procureur général près la Cour des comptes et sénateur.

Les deux jeunes mariés quittent la région de Toulouse et emménagent à Paris, dans un modeste appartement de la rue Monge.

L'année suivante, Thérèse se lance. Elle commence à raconter l'histoire de l'héritage Crawford. C'est une histoire dingue. Figurez-vous que Thérèse était un jour à bord d'un train et qu'elle voit un homme d'un certain âge en pleine détresse. Il faisait une crise cardiaque. Ni une ni deux, elle se précipite pour lui venir en aide et il survit.

Le type est plein de reconnaissance. Il se trouve qu'il s'appelle Robert Henry Crawford, et que c'est un millionnaire américain. Pour la remercier, il fait d'elle son héritière.

Et donc, justement, Crawford vient de mourir. Elle va incessamment sous peu toucher l'argent.

Mais là où Thérèse frôle le génie, que dis-je, le sublime, c'est pour la suite. Comment convaincre quiconque d'une histoire pareille ?

En créant des obstacles.

Elle va imaginer des neveux à Crawford. Neveux qui contestent le testament. Car, oui, Crawford avait fait deux testaments. Celui en faveur de Thérèse aurait dû annuler celui des neveux, mais ces derniers portent l'affaire en justice. Cette narration permet de détourner l'attention. Les gens vont se retrouver à discuter le bon droit des neveux, plutôt que de s'interroger sur la véracité de toute l'histoire.

Finalement, en 1884, Thérèse signe un accord avec les neveux pour le partage de l'héritage, parce que, de toute façon, ça fait déjà une somme énorme, au moins 100 millions. Elle rassure tous ceux à qui elle a emprunté de l'argent, tout est réglé, elle va enfin toucher sa part.

Mais non ! Ces infâmes neveux ne respectent pas l'accord !

Alors, elle les traîne en justice.

En 1890, les tribunaux donnent raison à Thérèse.

Arrêtons-nous un instant. La justice française tranche en faveur de Thérèse contre des gens qui n'existent pas au sujet d'une fortune fictive.

Cette histoire est folle.

En tout cas, cela renforce sa crédibilité. Comme l'écrit Frédéric Chauvaud : « Puisqu'un acte légal donne consistance à la transaction de décembre 1884 et fait obligation aux Crawford de s'y conformer, la justice atteste, sans l'avoir vu, de l'existence de deux testaments et, par rebond, valide l'héritage. Désormais, le prestige de la chose jugée donne un poids tangible et considérable à l'échafaudage des "cents millions". »

Les faux Crawford vont jusqu'à se pourvoir en cassation. Et, détail qui en dit long sur le génie de Thérèse, pour que cela paraisse plus crédible, l'un des deux faux neveux abandonne et c'est l'aîné qui poursuit la procédure. Thérèse feuilletonne son arnaque.

Mais comment fait-elle ?

Fastoche, ses frères jouent le rôle des neveux. Et personne ne vérifie. Donc les procès ont vraiment lieu, pour une affaire fictive.

Cela dure pendant dix-sept ans. Dix-sept années durant lesquelles on prête des sommes folles à Thérèse. Cerise sur la pièce montée, le beau-père de Thérèse est entre-temps devenu ministre de la Justice. Le couple bénéficie donc d'une sorte de caution morale de sa part. Qui imaginerait que la plus grosse escroquerie du siècle soit le fait de la belle-fille du garde des Sceaux ? Quand ils achètent un hôtel particulier, il se porte d'ailleurs garant pour eux.

Ils font également l'acquisition du château des Vives-Eaux – château que vous connaissez, c'est celui où se déroulait « Star Academy ». Thérèse Humbert, Jenifer et Nolwenn Leroy ont donc vécu au même endroit. C'est aussi ce genre de détails qui font la beauté de l'Histoire.

Les plus grands noms de l'époque se pressent chez les Humbert, dont beaucoup de politiques. D'ailleurs, le mari de Thérèse est élu député de Seine-et-Marne en 1885. Ils deviennent des « people » dont on parle dans les journaux mondains.

Tout va extraordinairement bien. Quand des créanciers demandent à être remboursés, elle emprunte à d'autres pour rembourser les premiers. (Honoré de Balzac, je te salue.) Bien sûr, il y a des petites frayeurs.

Ainsi, un banquier se montre particulièrement soupçonneux. Il veut rencontrer un neveu Crawford. Thérèse l'invite dans son château, où elle lui promet qu'il verra le neveu. Mais, à l'arrivée du banquier, elle l'informe que Crawford a reçu un télégramme urgent et a dû partir précipitamment. L'autre est encore plus soupçonneux. Thérèse le conduit dans la chambre du neveu pour qu'il s'y installe. Et là, le banquier trouve par terre, roulé en boule, ledit télégramme – judicieusement placé là par Thérèse, bien sûr. Il est désormais convaincu de l'authenticité de toute l'affaire.

Sacrée femme.

En outre, elle explique à tout le monde qu'elle a les papiers nécessaires pour prouver son hypothétique richesse, elle peut les montrer, ils sont dans son coffre-fort.

Et puis, à un moment donné, l'affaire devient tellement énorme qu'elle ne peut plus ne pas être vraie. Le Crédit foncier de France a tout de même prêté plus d'un million de francs au couple.

Mais voilà qu'au bout de vingt ans, un créancier qu'elle n'a pas remboursé saisit la justice, qui décide de mettre sous séquestre les valeurs de la succession. On ordonne l'ouverture du coffre-fort et la saisie des documents.

Quand la police arrive chez les Humbert, il n'y a personne.

Comme dans les meilleurs films, on ouvre le coffre et on découvre qu'il est vide.

Stupeur.

Un mandat d'arrêt international est lancé pour les retrouver. Les époux sont arrêtés à Madrid, avec leur fille et les deux frères et la sœur de Thérèse. Le procès commence en août 1903. Thérèse est défendue par Fernand Labori, avocat d'Alfred Dreyfus et d'Émile Zola.

Thérèse avoue-t-elle sa supercherie ? Pas du tout. Elle maintient son histoire d'héritage américain. Elle n'en changera qu'une fois, mais pour une version tellement minable, si peu à la hauteur de son génie, que je vous l'épargne.

Thérèse et son mari sont condamnés à cinq ans de prison. À leur sortie d'incarcération, ils mèneront une vie discrète jusqu'à leur décès.

Ils ont escroqué au moins 60 millions de francs.

Simone Signoret, qui a interprété le rôle de Thérèse Humbert dans un téléfilm de Marcel Bluwal (1983), a déclaré dans une interview : « C'est l'histoire d'un gang familial très uni dans le mensonge, qui a dérobé des millions sans faire couler une goutte de sang, à des gens encore moins bien qu'eux. »

Fait remarquable, le mot « escroc » n'a pas de féminin. Le dictionnaire Larousse nous précise : « Toujours au masculin, même pour désigner une femme. » Ce qui démontre à quel point l'histoire de Thérèse Humbert a été exceptionnelle. Elle a réussi à monter ce que l'on a qualifié de plus grosse escroquerie du siècle alors qu'en tant que femme, elle n'avait quasiment aucun droit économique.

Un livret émancipateur

Car, reprenons le cours de cette histoire des femmes et de l'argent, à partir du début du XIXe siècle, les femmes dépendaient de leur mari pour avoir un compte en banque, hériter et même pour toucher leur salaire. Ce régime matrimonial que Napoléon nous avait concocté va perdurer jusqu'en 1965.

C'est du moins ce que l'on trouve écrit partout.

Ce que l'on ignore souvent, c'est le rôle du livret d'épargne dans l'émancipation féminine. J'ai découvert le sujet grâce au blog Des femmes qui comptent, que je tiens à saluer pour la qualité de leur travail. On y trouve également des archives photographiques remarquables.

J'adore quand l'Histoire prend des détours inattendus et que les pratiques des individus se jouent des interstices du système.

Nous allons donc découvrir une surprise nommée l'épargne.

Alors, oui, dit comme ça, ça n'envoie pas du rêve. « Et maintenant, la folle aventure des caisses d'épargne ! »

Et pourtant.

Les caisses d'épargne apparaissent en 1818, et dès le début les femmes veulent y ouvrir des comptes. Profitant de l'absence de législation claire, les agents acceptent leur argent. L'usage s'impose donc que les femmes, même mariées, puissent ouvrir des livrets d'épargne et y faire des versements.

Mais en 1857, une instruction ministérielle précise qu'elles ne peuvent pas retirer l'argent sans l'accord de leur mari. Elles peuvent donc mettre des sous de côté, mais pas y toucher par la suite. La subtilité est de taille. Le sujet va revenir plusieurs fois en débat à l'Assemblée nationale, et les hommes politiques vont s'engueuler pour savoir si on peut autoriser les femmes mariées à gérer leur compte d'épargne.

Et puis, dans cette merveilleuse aventure de l'épargne en France, arrive la date de 1881. Nous sommes au mois de mars, le 29, et ce jour-là les sénateurs discutent le vote d'une loi pour créer la Caisse nationale d'épargne postale. On aborde plein d'aspects, jusqu'à un point délicat. Dans le projet, il est écrit que les mineurs ainsi que les femmes mariées pourront avoir leur propre compte d'épargne.

« Les mineurs sont admis à s'y faire ouvrir des livrets sans l'intervention de leur représentant légal. Ils pourront retirer, sans cette intervention, mais seulement à partir de l'âge de seize ans révolus, les sommes figurant sur les livrets ainsi ouverts. Les femmes mariées, quel que soit le régime de leur contrat de mariage, seront admises à se faire ouvrir des livrets sans l'assistance de leurs maris ; elles pourront retirer sans cette assistance les sommes inscrites aux livrets ainsi ouverts. »

Le sénateur Le Royer demande alors la parole. Il déclare :

« En deux mots, voici de quoi il s'agit. On propose de donner le droit à la femme mariée de pouvoir déposer, à l'insu même de son mari, des sommes qu'elle économiserait, je ne sais trop comment, sur l'avoir commun, à la caisse d'épargne postale. Elle pourrait même retirer ces sommes à l'insu de son mari. [...]

« Et la femme – et voici où l'on ne m'a pas répondu – comment, quand elle est dans les liens du mariage, peut-elle posséder ? Elle ne le peut pas ; elle ne peut rien acquérir pour elle-même ; et vous voulez lui donner le droit de mettre à la caisse d'épargne quoi ? Ce qu'elle prélève sur ce qui appartient à autrui. Est-ce moral ? »

On comprend sa logique. Il respecte la lettre et l'esprit du code napoléonien. Puisque légalement la femme ne possède rien et que tout appartient à son mari, l'argent qu'elle va déposer à la caisse d'épargne sans son autorisation, elle le lui aura volé.

Le sénateur insiste sur le fait que cela risque de créer des conflits au sein des couples.

Détail intéressant, le député Philippe Le Royer était... de gauche. Il appartenait au groupe de la Gauche républicaine, dirigé notamment par Jules Ferry.

Vous me direz, c'était l'époque.

Eh bien, non.

Écoutons l'homme qui lui répond à la tribune. C'est le sénateur Édouard Laboulaye.

« Qu'arrive-t-il dans la vie d'ordinaire ? Je puis dire qu'ayant passé quelques années de ma jeunesse dans une fabrique, je sais comment les choses se passent. Le mari est la dépense de la maison, la femme est la recette. (*Interruptions.*) Cela n'est pas contestable. C'est elle qui économise, c'est elle qui s'occupe des enfants, c'est elle qui s'occupe du grand fléau de l'ouvrier, le loyer, qui revient si souvent. Et vous voulez l'empêcher d'aller porter à la caisse d'épargne les quelques francs qu'elle a pu économiser dans la semaine, et qui lui serviront à payer le loyer lorsqu'arrivera cette fatale échéance qui revient si fréquemment. (*Très bien ! Très bien !*)

« Et de quel droit ? Si la femme et le mari sont d'accord, il n'y a pas de difficulté. [...] Mais si le ménage n'est pas bon, qu'arrive-t-il ?

« Vous avez un ivrogne qui mange tout ! Et vous voulez refuser à la femme le droit de prendre sur ses économies une pièce de vingt ou quarante sous qu'elle ira porter à la caisse d'épargne ! Et cela par amour pour les principes du mariage ! Mais votre amour pour le mariage est une cruauté pour la femme ! C'est elle qui économise dans la maison. Laissez-la donc aller porter ses économies à la caisse d'épargne. [...]

« Qu'est-ce que la femme fera de cet argent ? Il lui servira à élever ses enfants, à payer le loyer, à améliorer son petit ménage. Y a-t-il là quelque danger ? On dirait vraiment que nous disposons de millions, et que la femme pourra voler son mari et faire fortune. Mais ce n'est pas ainsi que les choses se passent.

« Vous voulez protéger la femme : ne la sacrifiez pas ; on la sacrifie depuis assez longtemps !

« Ayez un peu pitié pour celles qui ne sont pas ici pour se défendre ; elles n'ont pas de droits électoraux, elles n'ont pas de représentants ; c'est bien le moins que nous puissions parler un peu pour elles.

Dans l'intérêt de la justice la plus stricte, je demande que vous votiez cette disposition. »

De nos jours, Édouard Laboulaye aurait eu son heure de gloire sur Internet.

Je ne résiste pas au plaisir d'une anecdote politique. Édouard Laboulaye était professeur de droit au Collège de France et apprécié des étudiants pour son progressisme. Au point que, quand il avait perdu les élections de

1866, des jeunes lui avaient offert un superbe encrier en guise de consolation. Mais, quelque temps plus tard, il fit une déclaration un peu trop favorable à l'empereur, on le soupçonna de retourner sa veste. Il fut chahuté pendant ses cours, et durant les années suivantes, à chacune de ses apparitions publiques, il se fit huer aux cris de « Rendez l'encrier ! » Mais, comme d'autres, il ne rendit rien.

Édouard Laboulaye emporta le vote. C'est donc à la faveur de la création de la Caisse d'épargne postale que cette disposition, essentielle pour les femmes, fut validée. Mais comme elle n'est pas officiellement incluse dans une loi consacrée à l'égalité femmes-hommes, on l'a oubliée. Pourtant, elle explique peut-être une partie de l'attrait des femmes françaises pour l'épargne. Les femmes mariées n'ont droit à leur propre compte en banque sans l'autorisation de leur mari qu'en 1965. Mais, dès 1881, elles peuvent gérer un livret d'épargne. Cela a longtemps été leur seule marge de liberté financière.

6.
Où les femmes mariées finissent par toucher leur salaire et obtenir leur liberté économique

L'étape suivante nous mène en 1907. Les femmes mariées obtiennent le droit de disposer librement de leur salaire. Mais vous pensez bien que cette idée folle n'a pas été si facile à imposer.

Verser son salaire à la femme au lieu de le donner à son mari ? Attendez. Ne nous emballons pas. Prenons quelques années pour en discuter. Vingt et une années, pour être précise. La première proposition de loi date de 1886.

Nous sommes au début de la Troisième République. L'historienne Florence Rochefort a magnifiquement résumé l'ambiance politique de l'époque : « Concernant la très grande majorité des progressistes républicains, ils entendent fonder l'équilibre du nouveau régime, non seulement sur l'exclusion politique des femmes, mais aussi sur l'autorité du père et du mari au sein de sa famille. [...] Le "respect sacré" de la femme pour son mari comme celui de l'enfant pour son père deviennent les piliers de la laïcisation républicaine et se substituent au ciment religieux comme socle de la société civile et politique. La seule identité politique et sociale envisageable pour les femmes est celle d'épouse et de mère[1]. »

---

1. « À propos de la libre-disposition du salaire de la femme mariée, les ambiguïtés d'une loi (1907) », dans Angela Groppi et

Dans ce contexte, on comprend mieux la position d'un sénateur de gauche comme Le Royer.

La République ne se fonde pas sur l'égalité entre les femmes et les hommes. Elle repose sur la différence entre les deux, une différence qui est toujours une infériorisation des droits des femmes. Grosso modo, elles ont avant tout le droit d'être obéissantes et dévouées aux autres.

Les féministes de l'époque s'organisent et mènent plusieurs campagnes. Florence Rochefort insiste sur l'importance des deux domaines nouveaux qu'elles vont investir : la sociologie et l'économie. « Pour dénoncer l'inégalité des sexes, la démonstration féministe s'appuie sur de grands principes philosophiques mais aussi sur l'observation de la réalité économique et sociale de la condition des femmes, le repérage des faits, l'analyse des préjugés sexistes et des représentations aliénantes de la femme. Jenny d'Héricourt, Julie Daubié, Maria Deraismes, notamment, mettent à la disposition du public une somme d'informations et d'analyses tout à fait inédites. »

J'aimerais en profiter pour aborder un point qui me tient à cœur. Il est souvent arrivé que l'on m'interroge, notamment à l'époque où j'étais journaliste, sur mon objectivité. Mon féminisme ne risquait-il pas de biaiser ma vision des choses ?

En réalité, le féminisme n'est pas une opinion. C'est une expertise qui s'appuie sur un ensemble de savoirs philosophiques, sociologiques, biologiques, des rapports chiffrés, des concepts, issus aussi bien des milieux universitaires que des milieux associatifs et militants. Le féminisme, plutôt que d'introduire un biais idéologique, permet au contraire de dévoiler les biais sexistes qui

---

Gabrielle Houbre (dir.), *Clio. Histoire, femmes et sociétés*, vol. 7, nº 1 [en ligne], Presses universitaires du Mirail, 1998, p. 177-190.

polluent notre vision du monde sans même que nous en ayons conscience. Les féministes du XIXe siècle créaient déjà un corpus de savoirs qui permettaient de mieux appréhender les mécanismes du pouvoir.

Cela ayant été dit, revenons à la loi de 1907 sur la libre disposition du salaire. Elle est indissociable du nom d'une femme, Jeanne Schmahl. D'ailleurs, on l'appelle « loi Schmahl ».

De son nom de naissance Jeanne Archer, elle est née en 1846 et a grandi en Angleterre, où le mouvement féministe était très actif. Elle part en France poursuivre des études de médecine et elle y rencontre Henri Schmahl, avec qui elle se marie. Elle est déjà acquise à la cause féministe, mais elle a un déclic avec une affaire bien précise impliquant une employée. Le mari alcoolique de cette dernière venait récupérer le salaire de son épouse, qu'il dilapidait ensuite au bar. La jeune femme avait donc demandé à son patron de ne plus verser son salaire à son conjoint. Le patron, choqué par le culot de cette femme, l'avait purement et simplement licenciée.

Or, en 1882, l'Angleterre avait voté le droit de propriété pour les femmes mariées. Jeanne Schmahl a alors une idée. Elle pense que si les mouvements féministes français n'obtiennent pas grand-chose, c'est parce qu'ils réclament l'abrogation du Code civil napoléonien dans son ensemble et d'un seul coup. Jeanne Schmahl promeut une autre manière de faire. Elle propose de se concentrer sur des mesures concrètes, les unes après les autres. En 1896, elle écrit dans *Progrès du mouvement des droits des femmes en France* : « Considérant que le Code civil est le seul grand obstacle à l'émancipation des femmes en France, nous avons décidé de l'attaquer. Non pas cependant dans son intégralité, comme cela avait été tenté auparavant, mais au coup par coup, à commencer par ce qui paraissait le moins défendu par nos adversaires et donc le plus facile à conquérir ; en même temps choisir le point qui devrait logiquement venir en premier, comme fondement de la liberté des femmes. Nous n'avons pas tardé à conclure que, la liberté financière étant la racine de toute liberté, il faut d'abord s'employer à obtenir pour les femmes mariées le droit à leurs propres revenus. »

En janvier 1893, elle fonde l'association L'Avant-Courrière. J'ai été intriguée par ce nom et au début j'ai cru qu'elle avait inventé un mot calqué sur un anglicisme étrange, mais pas du tout. C'est un mot français qui désigne « une personne ou un fait qui précède et qui annonce quelque chose », et il s'accorde effectivement au féminin. L'aurore est ainsi l'avant-courrière du soleil, comme la cigale est l'avant-courrière des chaleurs, et Marceline Desbordes-Valmore écrivait : « De ma dernière nuit c'est l'ombre avant-courrière. »

L'Avant-Courrière exige deux réformes concernant le Code civil. Le droit pour toutes les femmes de servir de témoin dans les actes publics et privés et, pour la femme mariée, le droit de toucher le produit de son travail et d'en disposer librement. Les statuts de l'association précisent que celle-ci sera dissoute quand le but sera atteint.

Jeanne Schmahl charge Jeanne Chauvin – la première femme avocate à avoir plaidé en France – de rédiger les deux projets de loi, qui sont distribués aux parlementaires et dans la presse. Elle parvient à rallier des femmes de la haute bourgeoisie, comme la duchesse d'Uzès.

L'Avant-Courrière réussit également à obtenir le soutien d'imprimeries, qui lui fabriquent gratuitement des affiches, bientôt collées dans toutes les grandes villes de France.

La loi permettant aux femmes d'être témoins est vite votée, en 1897.

En revanche, la proposition de loi sur les salaires est déposée en 1894, votée par la Chambre des députés en 1896, mais il faut attendre onze ans pour son adoption définitive, notamment à cause du Sénat, qui lambine. Faire traîner, c'est un peu la spécialité du Sénat en matière de droits des femmes : ce sont les sénateurs qui s'opposeront avec obstination au droit de vote des femmes.

En 1907, la loi est enfin promulguée. À condition d'exercer une profession distincte de celle de son mari, la femme mariée dispose de son salaire, et elle fait ce qu'elle veut avec – même si chacun doit contribuer à hauteur de ses moyens aux charges du ménage. Toutefois, les législateurs mettent un bémol. Si la femme « abuse » de son pouvoir, si elle dissipe son bien, se montre imprudente ou en fait une mauvaise gestion, le mari pourra obtenir en justice le retrait de ce droit d'administration. C'est donc une liberté sous condition.

Jeanne Schmahl dissout l'association, puis rejoint d'autres féministes dans la lutte pour le droit de vote.

Cette victoire est-elle entièrement attribuable à L'Avant-Courrière ? En réalité, c'est sans doute l'addition des actions féministes qui y a contribué. C'est parce que d'autres réclamaient la fin du Code civil – elles allèrent jusqu'à le brûler en place publique – que les politiques écoutèrent Jeanne Schmahl et lâchèrent sur une revendication plus modeste. Les initiatives féministes doivent s'additionner. Il n'y a pas une seule bonne manière de faire. Il faut multiplier les actions pour augmenter la pression sur le pouvoir.

Faire revenir les femmes au foyer

En 1907, les femmes ont donc le droit de toucher leur salaire, mais le mari est toujours le maître de tout, et cela va durer un bout de temps. Sans trop de surprise, les femmes vont perdre en autonomie financière sous le régime de Vichy. Le maréchal Pétain veut les renvoyer à une fonction purement maternelle. On étudie assez peu ces lois, mais, le 7 juillet 1940, le ministre du Travail ordonne de licencier progressivement toutes les femmes, sauf les veuves de guerre, les soutiens de famille, les célibataires privées de ressources et les femmes de militaire non encore démobilisé. Le 11 octobre 1940, on décrète l'interdiction d'embauche de femmes mariées dans les services de l'État, les collectivités locales ou territoriales, et l'obligation pour les femmes de plus de 50 ans de prendre leur retraite.

Faire revenir les femmes au foyer est sans doute aussi pour le gouvernement de Vichy une manière de rassurer et de soigner la virilité nationale, qui a été meurtrie par la défaite. Mais en 1942, collaboration économique oblige, l'Allemagne exige un effort. Il faut lui envoyer de la main-d'œuvre. Le gouvernement est contraint de suspendre la loi qui empêchait les femmes mariées de travailler. On accepte d'abord le travail des célibataires, puis celui des femmes mariées, mais le gouvernement tente le plus longtemps possible d'empêcher le travail des mères.

À la Libération, on accorde enfin le droit de vote aux femmes, mais il n'est toujours pas question de les émanciper de la tutelle de leur mari. Elles vont encore devoir patienter. Figurez-vous que ma mère fait partie de cette génération de femmes mariées qui ont dû attendre qu'une loi les autorise à faire ce qu'elles voulaient de leur argent, et même à ouvrir leur propre compte en banque sans demander l'autorisation à leur mari. Cinquante ans plus tard, elle me parle encore avec joie, enthousiasme et émotion de l'adoption de cette loi, qui a marqué une date importante pour elle – et quelques millions d'autres femmes françaises.

Alors arrêtons-nous un moment sur cette loi essentielle. Elle date du 13 juillet 1965 et elle réforme les régimes matrimoniaux en mettant fin au Code Napoléon.

Voici comment on en parlait à la télé en janvier 1966, juste avant son application :

« Le 2 février 1966, commence Danièle Breem, la journaliste, tous ceux qui sont mariés, ou presque tous, vont avoir une surprise. Cette date marque en effet pour les femmes l'abolition du Code Napoléon. Nous avons demandé à M. Collette, qui est notaire et qui a été le rapporteur de la réforme des régimes matrimoniaux à l'Assemblée, quels sont désormais les droits de la femme mariée.

– Eh bien, répond Henri Collette, la femme française mariée n'avait sous l'ancien régime que fort peu de droits puisque, pratiquement, elle ne pouvait absolument rien faire sans le concours et l'autorisation de son mari. Au contraire, avec la loi qui été votée et qui entre en application le 1er février prochain, la Française pourra dorénavant disposer de ses biens, encaisser ses fermages, les loyers de ses biens si elle en a, sans le concours de son mari et, d'autre part, le mari ne pourra pratiquement plus rien faire sans le concours et la signature de sa femme. Il n'aura plus le droit de vendre l'appartement, plus le droit de vendre les meubles servant au ménage sans la signature de sa femme. C'est-à-dire que nous allons vers un régime de cogestion et que la femme a une garantie à peu près totale sur les biens.

– Elle n'aura plus besoin de l'autorisation de son mari pour se faire ouvrir un compte en banque ? demande la journaliste.

– Tout à fait.

– Mais que deviennent les droits du mari ?

– Eh bien, le mari reste le chef de la famille, c'est un très beau titre, mais, en fait, il n'a plus aucun droit, il n'a plus aucun pouvoir.

– Je crois que vous exagérez, il en a tout de même autant que la femme !

– Oui, c'est vrai.

– J'ai l'impression, à vous entendre, que les maris ne sont pas très contents.

(*Rires.*)

– Les maris sont peut-être un peu déçus d'avoir perdu cette dénomination de chef de la famille et de chef de la communauté, surtout parce qu'au fond, avant, les femmes étaient sous tutelle. »

Ah, ces pauvres maris déchus de leur domination... Le journaliste Yves Grosrichard résumait avec malice l'opinion de ces maîtres bafoués :

« Chers téléspectateurs, l'homme qui vous parle, tant qu'il en a encore le droit, était jusqu'à lundi soir un seigneur, un féodal, un potentat, bref, un homme marié. Nous sommes un certain nombre de millions dans ce cas. Depuis mardi matin, notre règne est fini. Une nouvelle loi est entrée en application. C'est la loi qui réforme les régimes matrimoniaux, qui donne aux femmes un certain nombre de droits nouveaux. Cette loi a été votée l'été dernier, elle a été publiée, je crois bien, au *Journal officiel* le 14 juillet dernier, date symbolique, et il s'agit de savoir si, grâce à l'application de cette loi, la femme est désormais l'égale de l'homme. »

Cette loi primordiale a suscité moult débats en France. Pourtant, si je vous demande de citer des acquis du féminisme de l'époque, il y a fort à parier que vous penserez au droit à l'IVG. La « loi Veil » a médiatiquement éclipsé tout le reste. La chercheuse Mariette Sineau l'explique ainsi :

« En France, les féministes dites réformistes des années cinquante croyaient – comme leurs aînées les suffragettes – à l'immense pouvoir transformateur de l'égalitarisme juridique. [...] Elles sont d'ailleurs efficacement intervenues pour faire sortir de l'ornière (en 1965) les projets de réforme des régimes matrimoniaux. Au contraire, la plus grande partie de la nébuleuse MLF – quelques groupes exceptés, dont le MLAC (Mouvement pour la libéralisation de l'avortement et de la contraception) – s'inscrit dans une tradition extrajuridique comme extraparlementaire. Au nom d'un radicalisme qui entend rompre avec tout le système, "faire la révolution dans la révolution", les néo-féministes dénoncent les réformes juridiques comme réformes "bidons". Leurs revendications portent, bien au-delà du droit, sur "une nouvelle façon d'être, d'aimer, de vivre". De sorte que c'est dans l'indifférence, voire dans l'ignorance des féministes, qu'est élaborée, puis votée au Parlement, la série de lois qui font des femmes mariées les égales civiles de leur mari[1]. »

À l'époque, dans les années 1960, on veut abolir le mariage, pas le réformer. J'ai demandé à Michelle Perrot ses souvenirs à la fois de féministe et d'historienne sur le sujet. Elle m'a confirmé que l'indépendance économique était une revendication qui avait structuré le féminisme d'avant la guerre de 1914. « Les féministes comme Hubertine Auclert, Marguerite Durand, oui, elles, revendiquaient pour ça. Mais de ce que j'ai vu dans ma génération, on en parlait peu. »

Cette réforme de 1965 a pourtant eu des conséquences sur une célèbre militante féministe, Thérèse Clerc. Elle racontait qu'elle avait pu s'ouvrir un compte bancaire et toucher elle-même les allocations familiales que son mari percevait jusque-là. « Je lui ai annoncé que je les avais fait virer sur mon compte. Ç'a été l'une des disputes les plus

1. « Droit et démocratie », dans Georges Duby et Michelle Perrot (dir.), *Histoire des femmes en Occident*, Françoise Thébaud (dir.), t. V, *Le XXe Siècle*, Perrin, 2002, p. 631-663.

homériques de toute notre histoire. » Alors qu'elle est mère au foyer, cette réforme lui donne goût à l'autonomie économique et elle décide de reprendre un emploi. Selon elle, la loi de 1965 n'a pas été boudée par les féministes, mais a au contraire été un point de départ pour relancer le mouvement[1].

Les femmes sont les héritières de ces histoires, de celles qui n'avaient pas droit à un compte en banque mais seulement à un livret d'épargne, de celles à qui le mari pouvait confisquer le salaire.

Femmes et hommes, nous ne partons pas à égalité face à l'argent.

Ma hantise très personnelle du compte commun s'explique en partie par la peur d'un retour en arrière, l'impression de renoncer à une indépendance chèrement acquise. Ma grand-mère, qui tenait la comptabilité de la boucherie familiale et dont tout le monde s'accordait à louer la rapidité de calcul, n'a eu le droit de signer son premier chèque qu'à l'âge de 53 ans. C'est difficilement imaginable pour moi qui n'ai jamais été privée de mes droits économiques.

Paradoxalement, c'est peut-être à cause de cette lutte que je ne m'y suis pas intéressée plus tôt. On avait gagné l'égalité des droits, c'était dans les livres d'histoire, c'était fini. Je n'avais pas compris. Il y a toujours un décalage entre la loi et la vie. L'inégalité économique entre les femmes et les hommes persiste, même si elle n'est plus justifiée par le législateur.

Comment va-t-elle s'installer au cœur du couple formé par Richard et Gwendoline ?

---

1. Thérèse Clerc l'expliquait notamment dans une interview accordée à Pauline Verduzier, pour *Madame Figaro*, 17 juillet 2015.

7.
Où notre héroïne a des enfants et passe à temps partiel

Il faudrait que Gwendoline s'assoie dix minutes pour réfléchir à l'organisation de ses finances. Mais elle est prise par ce truc assez complexe qu'est la vie quotidienne. Les semaines passent de plus en plus vite. Elle est débordée. La dernière chose dont elle a envie, c'est de faire des tableaux de chiffres. En plus, si c'est pour s'engueuler avec Richard, elle ne voit pas l'intérêt.

Dans l'idéal, il faudrait qu'elle rencontre Héloïse Bolle. Héloïse est conseillère en gestion de patrimoine. (J'ai déjà évoqué sa société de conseil, Oseille et compagnie.) Elle a écrit un livre au titre plein de promesses, *Les bons comptes font les bons amants*[1]. La première fois que j'ai discuté avec elle, c'était pour une interview dans le cadre de mon podcast sur le couple et l'argent, « Rends l'argent ». J'ai alors réalisé l'ampleur abyssale de mon ignorance – en dépit de mon statut de personne majeure et de contribuable responsable. Certes, je savais remplir ma déclaration de revenus et me connecter à l'appli de ma banque, mais j'étais au degré zéro des compétences financières. On aurait dit

1. Le Cherche-Midi, 2019.

une aventure de *Oui-Oui rencontre une gestionnaire de patrimoine*[1].

Mais Héloïse m'a rassurée. Je n'étais pas la seule dans ce cas-là. Beaucoup de couples ont des fonctionnements financiers mal choisis ou carrément non choisis, puisqu'ils n'ont pas bénéficié d'une information claire et correcte.

Alors, comment Gwendoline et Richard pourraient-ils organiser leurs finances ?

Organiser les dépenses du couple

Il y a trois possibilités principales.

Mettre tout en commun, ce qui, comme on l'a vu, a l'avantage de demander un minimum de réflexion. (Je conseille néanmoins aux femmes de toujours conserver un compte bancaire individuel, mais nous en reparlerons au sujet des violences économiques.)

Avoir des comptes séparés. En se disant par exemple que l'un des deux s'occupe des factures d'énergie et de l'assurance, l'autre du loyer, et que les deux payent les courses à tour de rôle. Cela exige de faire des calculs tous les mois, ou d'utiliser une appli, comme Tricount. On y enregistre toutes les dépenses qu'on a effectuées, et elle vous dit qui doit combien.

Et enfin, un mélange des deux systèmes, qui allie subtilement le commun et l'individuel. À titre personnel, c'est ce qui m'a paru le plus pertinent.

Dans cette configuration, un nouvel embranchement s'ouvre. Sur le compte joint, les deux versent soit le même montant, soit un montant proportionnel aux revenus. Autrement dit, vous décidez d'y mettre ou bien disons

1. Prochainement disponible aux éditions Foutraques.

600 euros chacun, ou bien un pourcentage de salaire. Si vous gagnez moins que l'autre, vous donnerez moins. C'est la différence entre l'égalité, un même montant peu importe les revenus, et l'équité, un montant proportionnel au revenu.

Dans tous les cas, il est important de garder à l'esprit que cette organisation ne sera pas éternelle. À chaque changement (chômage, promotion, temps partiel, congé parental, maladie, etc.), il faudra remettre les choses à plat, réajuster le modèle et rediscuter la répartition. Il faudra également faire attention à l'inflation. Chacun devra sans doute revoir sa participation quand les prix augmenteront. Sinon, le risque est qu'une seule personne se dévoue pour renflouer le compte commun qui sera déficitaire à cause de ces hausses.

Si vous décidez de participer en proportion de vos revenus, vous avez encore deux modes de calcul envisageables. Vous pouvez faire le total de vos dépenses. Disons qu'il s'établisse à 1200 euros par mois. Et vous divisez en fonction des revenus, l'un paye 800 et l'autre 400. Vous pouvez aussi décider que chacun met 60 % de son salaire. Ou alors, Gwendoline met 40 % de son salaire et Richard 60 % du sien.

Les possibilités sont infinies.

Que dit la loi ? Dans le cadre du mariage, elle prévoit le principe d'équité. Chaque personne est censée participer à hauteur de ses moyens, et pas à parts égales. « Si les conventions matrimoniales ne règlent pas la contribution des époux aux charges du mariage, ils y contribuent à proportion de leurs facultés respectives. [...] Chaque époux peut librement exercer une profession, percevoir ses gains et salaires et en disposer après s'être acquitté des charges du mariage. »

Tout calculer ?

Héloïse Bolle m'avait également donné des conseils d'ordre pratique. Par exemple, dans le cas d'un crédit commun pour un achat immobilier, une voiture ou autre, il est préférable d'avoir un compte joint spécifique, sur lequel chaque partenaire verse sa part du remboursement. Cela permet de voir les participations financières.

Et pour le reste des dépenses dites courantes, on utilise un second compte commun, l'idée étant de garder une trace en cas de séparation – notamment pour les gens en concubinage ou mariés en séparation de biens.

Après ma discussion avec Héloïse Bolle, j'ai été prise d'une crise de motivation aiguë. J'ai décidé de tout calculer. J'ai donc fait une liste de nos dépenses à l'année : Assurances, crédit, courses, gaz, électricité, Internet, téléphone, abonnements musiques/vidéos, cantine, centre de loisirs, activités extrascolaires, baby-sitting, budget vacances, impôts locaux, frais de copropriété, etc.

J'ai divisé ce total par douze mois. Je me suis étranglée en voyant le résultat. Puis on a décidé à hauteur de combien on participerait. On a ouvert un compte commun, demandé deux cartes bancaires – chacun la sienne, à son nom. Et voilà. Tout était réglé. Ce que je n'avais pas prévu, c'est le doute shakespearien qui m'étreint désormais dans les magasins. Compte commun ou pas compte commun ?

Par exemple, j'ai découvert que j'avais un problème d'achats compulsifs de livres pour enfants. J'ai beaucoup de mal à résister. Or, d'un côté, c'est pour les enfants, donc c'est commun. De l'autre, c'est moi qui craque pour les acheter, c'est ma décision. S'y ajoute une couche de « Je suis indépendante financièrement, je peux leur offrir ce petit plaisir ». Inclure ici le poids historique de toutes les femmes qui ont été privées d'indépendance économique et la fierté de payer moi-même. Alors que c'est absurde. En réalité, ce n'est pas une question de moyens. L'idée, ce n'est pas : quand je n'ai plus assez d'argent, je paye avec le compte joint. Le principe, c'est de décider en fonction de la nature de l'achat, plutôt que de son montant. Oui, il se passe tout ça dans ma tête alors que je suis debout devant la libraire, qui attend en me tendant la machine à CB.

Finalement, j'ai trouvé une solution. J'ai décidé d'un seuil. Avec le compte commun, j'achète pour 30 euros de livres par mois. Si je dépasse, hop, je dégaine ma carte bancaire perso. (Et ensuite, je suis bloquée devant la libraire parce que je ne sais plus si j'ai déjà dépassé le seuil que j'ai moi-même fixé, rapport au fait que je ne tiens pas assez régulièrement ma comptabilité.)

Bref.

Qui a dit que les histoires d'argent se résumaient à des additions et à des soustractions ?

Avec les années, la situation de Gwendoline et de Richard a évolué. Si au début elle semblait plus autonome financièrement – rappelez-vous, elle vivait seule et pas lui –, désormais, Richard gagne un peu plus qu'elle. Il a choisi une carrière qui paye mieux, et il a eu davantage d'opportunités de progression.

Ils ne sont pas des exceptions.

En économie, on a l'habitude de penser le foyer (Gwendoline + Richard) comme une unité. On n'aime pas trop aller regarder comment s'y répartit l'argent. On sait qu'à l'échelle de la société, il existe des classes sociales. Mais est-ce qu'au sein des foyers, il y a également des disparités de revenus ?

En 2011, la France comptait presque 10 millions de couples composés d'une femme et d'un homme âgés de 20 à 59 ans, non étudiants. Eh bien, dans les trois quarts de ces couples, le revenu de l'homme était supérieur à celui de la femme.

Au sein des couples, l'homme et la femme ne sont pas financièrement sur un pied d'égalité.

Et on remarque que même si les femmes sont désormais plus diplômées que les hommes, cela ne semble pas avoir d'impact sur les écarts de revenus intrafamiliaux.

Pourtant, en 2014, on a vu une flopée d'articles qui titraient : « Une femme sur quatre gagne plus que son mari. » On avait l'impression que la France était à un point de bascule et que l'égalité était au coin de la rue, là, à gauche, juste après la boulangerie. En réalité, l'étude indiquait que « dans 25 % des couples, la contribution des femmes est supérieure (ou égale) à 50 %[1] ». La parenthèse avait son importance. Dans seulement un quart des couples, la femme gagne autant ou plus que son compagnon. Il fallait donc comprendre que 3 femmes sur 4 gagnent moins que leur conjoint[2].

On peut s'interroger sur ce qu'implique cette inégalité de revenus. Le sujet est extrêmement tabou, mais combien de femmes partiraient si elles avaient plus d'argent que leur compagnon ? Est-ce que, si c'était le cas de Gwendoline, elle accepterait de Richard les mêmes choses ? Est-ce qu'elle ferait autant de tâches ménagères ? Évidemment, ce n'est pas parce que l'on a le plus gros salaire que l'on est un homme dominant qui écrase sa compagne. Mais cela donne un sacré pouvoir de négociation au sein du couple.

Surtout qu'en France, en moyenne, la différence de revenus est vraiment très importante. On estime que

---

1. Thomas Morin, « Écarts de revenus au sein des couples », *INSEE Première*, n° 1492 [en ligne], INSEE, mars 2014.

2. Et dans environ 11 % des couples, elles gagnent 60 % ou plus des revenus.

les femmes gagnent 32 % de moins que leur conjoint. Concrètement, en Île-de-France, cela représente en moyenne 1180 euros de moins par mois et dans le reste de l'Hexagone 850 euros[1]. En revanche, l'écart entre une femme célibataire et un homme célibataire n'est que de 9 %.

Être en couple appauvrit les femmes et enrichit les hommes. En 1987, le sociologue François de Singly écrivait : « La vie conjugale se traduit globalement par un coût pour les femmes et un bénéfice pour les hommes[2]. » En 2022, c'est toujours vrai.

Ce phénomène est évidemment très lié à la présence d'enfants.

Avoir un enfant appauvrit les femmes

Justement, Gwendoline vient d'accoucher.

Elle est heureuse, Richard aussi.

Mais fatiguée.

Gwendoline n'a absolument aucune envie que je vienne poser mes fesses sur son lit d'hôpital pour lui parler de pourcentages et de statistiques.

Pourtant, les inégalités, qui sont de 7 % quel que soit l'âge chez les couples sans enfant, passent à 23 % après la naissance du premier bébé. Cela s'explique par la baisse de salaire des mères, alors que les pères bénéficient d'une légère hausse, en moyenne de 3 %[3].

---

1. Carine Camors, Kevin Chaput, Pierre Laurent, Annaïck Morvan, Élisabeth Prevost et David Veal, « En Île-de-France, dans 14 % des couples, la femme et l'homme perçoivent un revenu équivalent », *INSEE Analyses Île-de-France*, n° 151 [en ligne], INSEE, mars 2022.
2. *Fortune et infortune de la femme mariée : sociologie des effets de la vie conjugale*, Presses universitaires de France, 1987.
3. Élise Coudin, Sophie Maillard et Maxime Tô, « Entreprises, enfants : quels rôles dans les inégalités salariales entre femmes et hommes ? », *INSEE Analyses*, n° 44 [en ligne], INSEE, février 2019.

Je ne vais pas vous décrire tout le bonheur que représente l'arrivée d'un enfant désiré, ce n'est pas notre sujet. Notre sujet est économique, je vais donc vous parler de l'enfant en termes économiques.

Élever un enfant, ça coûte cher. D'après une étude menée par l'Observatoire E. Leclerc des nouvelles consommations et parue en mai 2019, le budget moyen consacré à un enfant entre sa naissance et ses 3 ans s'élève à 490 euros par mois, soit 5 880 euros sur l'année. L'essentiel des frais concerne la garde. Il est précisé que 64 % des parents interrogés déclarent avoir pris des mesures financières particulières, comme puiser dans leur épargne ou emprunter. (Et j'ai une pensée particulière pour les 35 % d'entre eux qui avouent avoir sous-estimé le budget nécessaire.)

Ça, c'est le coût pour tout le monde.

Mais, dans les couples hétéros, l'arrivée de l'enfant n'a pas le même impact sur les revenus de la mère que sur ceux du père.

En 1975, le chercheur S. Polachek estimait que chaque enfant était corrélé à une diminution de 7 % des revenus de sa mère et à une augmentation de 3 % des revenus de son père. En 2019, une étude calculait que « cinq ans après l'arrivée d'un enfant, les mères perdent environ 25 % de leurs revenus salariaux, par rapport à ce qui se serait produit sans cette arrivée[1] ». (L'effet négatif des naissances sur le salaire horaire est moindre, de l'ordre de 5 % par enfant.)

D'où vient cet appauvrissement des mères ?

L'explication majoritaire est celle du temps partiel, mais, en réalité, un tas d'éléments entrent en jeu. Par

1. Pierre Pora et Lionel Wilner, « Les trajectoires professionnelles des femmes les moins bien rémunérées sont les plus affectées par l'arrivée d'un enfant », *INSEE Analyses*, n° 48 [en ligne], INSEE, octobre 2019.

exemple, pour se rendre disponible pour leur enfant, Gwendoline va privilégier un emploi pas trop éloigné de la maison. Ce faisant, elle réduit le nombre d'opportunités professionnelles. Elle est prête à accepter un poste moins bien rémunéré mais plus proche de chez elle. Ce choix est très genré.

L'Observatoire des territoires a publié en 2021 un bilan au titre transparent : *Travailler à côté de chez soi, un déterminant méconnu de l'emploi des femmes*. « Les femmes résident en moyenne plus près de leur lieu de travail que les hommes, à 16 km contre 24 km pour les hommes, et mettent par conséquent moins de temps à s'y rendre : 22 minutes contre 28 minutes pour les hommes[1]. [...] En raison de l'implication plus grande des femmes dans la gestion de la vie domestique, celles-ci se déplacent plus souvent que les hommes pour accompagner des proches, effectuer des achats ou encore réaliser des démarches. Il en résulte, pour les femmes, une organisation de leurs déplacements plus contraignante, sur le plan des horaires et des localisations, qui peut contribuer à expliquer le choix plus fréquent d'un emploi à proximité du domicile pour les femmes. Le caractère plus contraint des déplacements des femmes s'accompagne également d'un moindre accès à la voiture : les femmes se rendent plus souvent au travail en transports en commun ou à pied que les hommes (pour 25 % d'entre elles contre 18 % des hommes). »

Le rapport à l'espace est différent, et dans la perspective qui nous intéresse, il a un impact sur le choix des emplois et donc sur les rémunérations des femmes.

---

1. Observatoire des territoires, « La dimension territoriale de l'accès à l'emploi des femmes », *Comprendre* [en ligne], Agence nationale de la cohésion des territoires, 2021.

Concilier toutes ses vies ?

Il est temps d'aborder le sujet du temps partiel.

D'après les chiffres de 2014, près de 80 % des personnes qui travaillent à temps partiel sont des femmes. Au total, presque un tiers des femmes travaillent à temps partiel (31 %), contre 8 % des hommes – et quand ils le font, ce n'est pas pour s'occuper des enfants, mais pour développer une autre activité, professionnelle ou artistique.

On entend toujours dire que si le temps partiel concerne autant de femmes et si peu d'hommes, c'est parce que les femmes s'en serviraient pour concilier vie familiale et travail. Mais, quand on regarde de plus près les emplois concernés, c'est à prendre avec des pincettes. Il faudrait distinguer plusieurs temps partiels.

D'abord, la tranche d'âge où les femmes sont le moins à temps partiel se situe entre 25 et 49 ans, soit le moment où l'on penserait qu'elles s'occupent des enfants. Le temps partiel se retrouve davantage chez les travailleuses les plus jeunes (26,7 % des 15-24 ans) et les plus âgées (24,5 % des 55 ans et plus[1]).

Ensuite, il semble que, dans certains secteurs, c'est avant tout un outil de flexibilité pour les entreprises plutôt que pour les employées. Par exemple, dans le secteur du nettoyage, les contrats à temps complet sont rares ; et, dans la plupart des contrats à temps partiel, les horaires exigés sont incompatibles avec ceux de l'école des enfants. Ils correspondent à ce que l'on appelle des « horaires atypiques ».

On le sait peu mais, en France, les femmes sont désormais proportionnellement plus nombreuses que

---

1. Données annuelles de la DARES, *Le temps partiel*, avril 2022.

les hommes à travailler ainsi en décalé. C'est l'une des récentes évolutions du marché du travail. Plus précisément, « il apparaît que l'exposition des femmes aux horaires atypiques se réduit au cours de la dernière décennie pour les plus qualifiées alors qu'elle augmente au contraire pour celles qui le sont le moins. La part des femmes cadres en horaires atypiques diminue de 23 % entre 2013 et 2019 tandis qu'elle augmente de 11 % pour les ouvrières non qualifiées, catégorie qui subit la plus forte dégradation[1] ».

Si les femmes sont moins payées, c'est donc en partie parce qu'elles sont à temps partiel, mais elles n'y sont pas forcément pour profiter de leurs enfants en faisant des ateliers pâte à modeler. Prenons un autre secteur, celui du commerce. « En 2019, 46 % des salariés à temps partiel du commerce de détail déclarent être à temps partiel faute de pouvoir travailler davantage dans leur emploi actuel[2]. » Il ne s'agit donc pas d'un choix. En outre, il y a davantage de femmes dans des métiers avec une variabilité des horaires hebdomadaires (caissiers, employés d'accueil, vendeurs). Cela signifie que le planning change selon les semaines – pas l'idéal en matière d'organisation de la vie familiale.

L'idée qu'en règle générale, les femmes travaillent à temps partiel pour s'occuper des enfants est donc discutable.

Et quand c'est le cas, il s'agit souvent d'un calcul financier de la part des familles. C'est le plus petit salaire qui

---

1. Anne Lambert et Laetitia Langlois, « Horaires atypiques de travail : les femmes peu qualifiées de plus en plus exposées », *Population et sociétés*, n° 599 [en ligne], INED, avril 2022.
2. Arnaud Rousset, « Les salariés du commerce de détail : des horaires souvent atypiques, un temps partiel fréquent », *INSEE Première*, n° 1836 [en ligne], INSEE, janvier 2021.

va réduire son temps de travail pour économiser des frais de garde d'enfants.

On peut même inverser la logique.

Ce n'est pas parce que les femmes font des enfants qu'elles ont moins de perspectives professionnelles. C'est aussi parce qu'elles ont moins de perspectives professionnelles qu'elles se concentrent sur la vie familiale. Françoise Battagliola, dans une étude certes ancienne, de 1984, menée chez des femmes et des hommes employés à la Sécurité sociale, avait montré qu'en début de carrière, les femmes étaient aussi investies que les hommes et que les trajectoires différaient au bout d'une dizaine d'années, notamment quand les femmes constataient que les hommes s'en sortaient mieux. Ce sentiment que leur carrière ne prendrait jamais le même envol que celle de leurs collègues hommes les encourageait à passer à temps partiel.

Et enfin, il y a celles qui font vraiment ce choix par envie. Mais, là encore, le tableau n'est pas tout rose. Une autre forme de discrimination les attend. Une femme qui passe à temps partiel prend le risque que ce soit interprété comme un désinvestissement professionnel. Elle pourra être perçue comme une touriste. Cela implique deux choses. D'abord, on n'envisage pas qu'elle puisse bosser à temps partiel et rester très mobilisée au travail. C'est pourtant ce qu'un paquet de femmes font. (Sans parler de toutes celles qui culpabilisent à cause de ce temps partiel et qui se sentent obligées d'en faire plus pour compenser.)

Ensuite, on pense que c'est pour toujours. Comme si leur vie professionnelle était semi-finie. Elles sont envoyées sur une voie de garage. On ne comprend pas qu'il ne s'agit que d'un moment de leur vie, qui coïncide avec la petite enfance de leur progéniture. Bénédiction ou malédiction, les enfants n'ont pas éternellement 2 ans. Ils grandissent, s'émancipent, et quand les mères souhaitent reprendre leur carrière, on considère que c'est trop tard. Nous devons collectivement opérer un changement des mentalités et accepter davantage de souplesse dans nos vies professionnelles.

Arrêter de payer les yaourts

L'écart de salaire entre Gwendoline et Richard va donc en s'accroissant.

Mais ils ont l'impression d'en tenir compte. Après la naissance de leur deuxième enfant, le couple a décidé d'acheter une nouvelle voiture. Eh bien, c'est Richard qui a pris en charge le remboursement. Gwendoline a pensé qu'elle avait de la chance. Sans lui, elle n'aurait sans doute pas pu se l'offrir. Comme elle se sent redevable, pour compenser l'effort financier de Richard, elle se dit qu'elle va essayer de payer un peu plus des courses du supermarché.

Gwendoline est en train de commettre une erreur fondamentale dont elle n'a absolument pas conscience.

Dans un couple, on trouve logique que ce soit le plus gros revenu qui rembourse le plus gros crédit. En réalité, cela va creuser plus profondément les inégalités entre les deux partenaires, au lieu de les atténuer.

Primo, en s'occupant des dépenses les plus visibles et valorisées, Richard en tire un pouvoir, même inconscient. Or une voiture, c'est un achat plus valorisé et visible que des courses alimentaires.

Mais surtout, imaginons que Richard et Gwendoline se séparent, que va-t-il se passer ? Il a payé la voiture, il va repartir avec. Logique. Et elle va se retrouver avec ses pots de yaourt vides.

L'argent des hommes sert souvent à se constituer du patrimoine, alors que celui des femmes est invisibilisé parce qu'il passe dans des dépenses du quotidien, comme les courses.

L'économiste Delphine Roy en a fait une analyse implacable, en démontant au passage l'idée reçue selon laquelle le salaire des femmes serait un salaire d'appoint[1].

Pour plus de clarté, elle a choisi de s'intéresser à la configuration où l'homme gagne plus que la femme, où il n'y a pas de compte joint et où l'homme donne de l'argent à sa compagne pour les dépenses familiales. Il en ressort que cet homme se contente de compléter. Il est le salaire d'appoint. En gros, la femme utilise l'intégralité de son salaire pour la maison et les enfants, et son compagnon lui donne ce qui manque.

L'équation présentée par Delphine Roy est la suivante :

(budget courses + budget enfants) – revenus féminins = transfert du compte de l'homme vers le compte de la femme (ou vers un compte commun)

C'est le « petit » salaire de Gwendoline qui constitue la base de l'argent collectif. Gwendoline paye les charges du ménage (le budget courses et le budget enfants) avec son propre salaire en priorité. Et comme cela ne suffit en général pas, Richard lui donne la somme qui manque. Il complète, ce qui lui permet de garder le reste de ses revenus pour lui.

(Cela est valable pour les dépenses de la vie quotidienne. Évidemment, pour les achats plus importants qui représentent un investissement, on a vu que c'était le gros salaire, donc l'homme, qui les payait.)

---

1. Delphine Roy, « L'argent du "ménage" : qui paie quoi ? », *Travail, genre et sociétés*, vol. 15, n° 1 [en ligne], Armand Colin, 2006, p. 101-119.

Ce fonctionnement distord la perception de la réalité. Parce que, de la même manière que payer une voiture donne plus de pouvoir que de payer des pots de yaourt, dans cette configuration où l'homme complète, le transfert est évident. On voit son argent à lui passer chez elle, on a donc l'impression qu'il est le pourvoyeur principal. À l'inverse, les sommes qu'elle dépense pour le ménage avec son propre argent, on ne les voit pas circuler.

Au sein d'un couple, dans les faits, c'est plus souvent l'argent de l'homme qui est distingué. Et c'était déjà le cas chez les ménages ouvriers du siècle dernier. L'homme gardait parfois une partie de son salaire sans le dire. On raconte ainsi que, quand les cheminots ne reçurent plus leur paye en liquide mais sur un compte en banque, ils furent nombreux à dire à leur compagne qu'ils avaient été augmentés. Pourquoi ? Depuis des années, ils faisaient semblant de leur remettre l'intégralité de leur salaire alors qu'ils en gardaient secrètement une partie.

L'accession massive des femmes au salariat n'a donc pas été synonyme d'« argent de poche » qui aurait échappé au ménage, ni de « supplément » apporté à un budget familial constitué par le « gros » salaire. Delphine Roy écrit : « L'homme, une fois les "grosses" dépenses acquittées, se voit en possession d'un argent libéré des obligations collectives, sur l'usage duquel ne pèsent pas les mêmes restrictions, et dont la propriété symbolique est pleinement sienne. »

Des « revenus exceptionnels »

Même parmi les couples qui mettent tout en commun, on repère cette différence. Quand on regarde un peu plus précisément, il est fréquent qu'une partie des revenus échappent à la comptabilité commune. Ce sont les revenus « exceptionnels ». Par exemple un héritage, une prime, ou encore une indemnité (de licenciement ou autre). Mais ça peut aussi être le loyer tiré d'une propriété immobilière qui appartient à l'un des deux. Le couple est en général d'accord pour considérer que cet argent-là reste individuel. Or il va permettre à l'un des deux de se constituer de l'épargne et du patrimoine. Et ce l'un des deux, c'est plus souvent l'homme. Il a davantage de revenus exceptionnels que sa compagne (nous verrons par exemple qu'il hérite plus). Ainsi, même dans le modèle du tout en commun, l'homme s'enrichit. Les billets de banque ont un sexe.

Si on grossit le trait, l'argent féminin paye la nourriture pour tout le monde, l'argent masculin sert à se constituer un patrimoine individuel. Résumé par la statisticienne Monique Meron et l'économiste Rachel Silvera, « un euro donné à l'homme ira plus souvent aux dépenses personnelles alors qu'un euro donné à la femme sera plus souvent attribué à l'éducation et aux soins des enfants. Le sentiment de propriété de la femme sur son argent est moindre que celui de l'homme sur le sien[1] ». Cette idée de sentiment de propriété est intéressante. Les femmes l'ont moins, sans doute parce qu'on leur a inculqué que la féminité, c'est le don. Elles ne sont pas censées posséder pour elles-mêmes.

Le résultat de tout cela, c'est que Gwendoline ne met presque rien de côté. Elle a un livret A personnel avec une somme minuscule dessus. À la naissance des enfants, Richard et elle leur ont ouvert des livrets d'épargne. Ils y mettent ce que donnent les grands-parents, mais Gwendoline y verse aussi quand elle peut ce qu'elle a

---

1. Monique Meron et Rachel Silvera, « Salaires féminins : le point et l'appoint », *Travail, genre et sociétés*, vol. 15, n° 1 [en ligne], Armand Colin, 2006, p. 27-30.

économisé. Ça pourra toujours servir. Elle a l'impression de protéger ses enfants en agissant ainsi.

Concrètement, pour équilibrer les revenus au sein du couple, il faudrait que ce soit la personne qui gagne le moins qui investisse dans les grosses dépenses. Cela paraît contre-intuitif. Mais l'idée, c'est que plus vous êtes économiquement vulnérable, plus vous avez besoin de vous garantir une sécurité. Or, en économie, ce que l'on appelle une sécurité, c'est de l'épargne. Cela peut être de l'argent économisé sur un compte, mais aussi un pourcentage de la voiture ou du bien immobilier.

Donc, même si vous ne pouvez pas prendre en charge la totalité du remboursement du crédit de la voiture, demandez à participer au maximum de ce que vous pouvez, et que l'autre compense en payant davantage de yaourts.

C'est d'autant plus important qu'en cas de divorce, il y a une part d'imprévu. On ne sait ni comment l'autre va réagir ni comment le tribunal statuera. Il est donc très utile d'avoir des biens propres à soi. Cela simplifie les choses – même si vous pouvez bien sûr plaider : « Je n'ai pas 50 % de la maison, mais pendant quinze ans j'ai payé les yaourts. »

Autre cas qui se rencontre assez fréquemment, le couple vit dans un logement qui appartient à l'un des deux. Imaginons qu'il y ait des travaux à faire. Celui des deux qui n'est pas propriétaire dit : « Bien sûr, je vais participer aux travaux. C'est une grosse somme, mais je vis ici aussi. » Eh bien, il est dans son intérêt de garder toutes les factures et les preuves, car, plus tard, il lui sera ainsi possible de prouver qu'il a investi dans l'appartement, même sans en être propriétaire.

8.
Où notre héroïne se tape gratuitement toutes les corvées de la maison

La répartition des dépenses pourrait également être pour Gwendoline l'occasion de réfléchir à un autre sujet : le travail ménager. Ce qui amène à une question en apparence simple. Est-ce un travail ? C'est un apport fondamental du féminisme d'avoir pensé les corvées ménagères comme tel. En faisant cela, les féministes nous ont poussées à interroger notre conception même du travail.

Le travail, on en parle souvent. Voire tout le temps. Il structure notre société, notre vie, nos emplois du temps. Mais, en vérité, on ne sait pas exactement comment le définir. (Vous pouvez essayer d'élaborer votre propre définition, vous verrez par la suite si elle tient la route.) La sociologue Marie-Anne Dujarier a réfléchi à ce que nous appelons « travail ». Elle explique que le travail n'existe pas en soi, par essence. C'est pourquoi il y a autant de désaccords sur sa définition, pourquoi il nous échappe sans cesse. En réalité, tout peut être considéré comme du travail. Il faut voir le travail comme une catégorie de pensée qui est construite dans le temps et l'Histoire.

Ce que valent nos heures de ménage

On sait que cette notion n'a rien à voir avec l'utilité. Par exemple, la semaine, vous bossez comme spécialiste en réputation numérique et le week-end, vous cultivez un petit potager dont vous mangez les légumes : lequel est vraiment du travail ? Votre loisir peut être plus utile que votre activité professionnelle.

On pourrait penser que le travail est lié à la rémunération, mais alors, comme le demande Marie-Anne Dujarier, le voleur travaille-t-il ?

Dans le cadre du travail ménager, on peut payer quelqu'un d'autre pour le faire. Les mêmes gestes de nettoyage des toilettes relèveraient de la catégorie travail quand ils sont faits par une personne rémunérée pour, et ne seraient pas du travail quand c'est votre compagne qui les accomplit ?

Dans ce cas, il suffirait que Richard rémunère Gwendoline pour considérer qu'elle travaille pour lui. Encore faut-il s'entendre sur ce qu'est une rémunération. En vérité, il ne la paye pas directement, en revanche, il paye davantage les vacances parce qu'elle gagne moins que lui. Mais Gwendoline gagne moins parce qu'elle n'est pas à temps complet. Et c'est parce qu'elle n'est pas à temps complet qu'elle fait plus de ménage, comme nettoyer les toilettes. Finalement, quand Richard paye un peu plus qu'elle la location pour les vacances, ne s'agit-il pas d'une rémunération indirecte ? Et donc de la reconnaissance d'un travail ?

La sociologue Maud Simonet, spécialiste du travail invisible, explique que le travail gratuit n'est pas seulement gratuit, il est un déni de travail. On refuse de le considérer pour ce qu'il est. Elle insiste sur un autre aspect fondamental. Le travail gratuit est perçu comme un travail quand il est capté par quelqu'un d'autre qui en profite. D'après elle, ce n'est pas le travail gratuit qui pose un problème, c'est son appropriation.

Reprenons l'exemple des toilettes. À l'époque où Gwendoline vivait seule, quand elle nettoyait ses toilettes, elle ne voyait pas cela comme un travail. C'est depuis qu'elle vit avec Richard, qui ne récure jamais la cuvette, qu'elle a l'impression que ses efforts à elle profitent à quelqu'un d'autre. Elle n'est pas loin de penser que c'est une forme de travail, et une source d'inégalité. Et certains soirs, cela la rend amère.

Le coût du ménage

Quitte à remettre à plat son organisation financière, cela peut être l'occasion de rendre visible ce travail domestique que chacune prend ou ne prend pas en charge.

Il faudrait que Gwendoline estime combien de temps par semaine elle passe à faire le ménage. Attention toutefois à l'outil du doigt mouillé. Des études ont prouvé que, statistiquement, les hommes ont tendance à surestimer le temps qu'ils y consacrent alors que les femmes le sous-estiment. Et, bien souvent, on se limite aux grosses séances de ménage, sans inclure l'infinité des gestes de ramassage et de rangement que l'on fait chaque jour.

Pendant un mois, Gwendoline a donc décidé de calculer son temps de travail ménager. Elle a découvert qu'elle en faisait quatre heures par semaine, tandis que Richard n'en fait qu'une seule. Elle fronce les sourcils en repensant à l'époque où il faisait la vaisselle tous les jours. Depuis, ils ont acheté un lave-vaisselle. Il aurait pu trouver autre chose à faire, parce que, franchement, le nombre de corvées s'est multiplié. Mais non.

Elle effectue donc trois heures de ménage de plus que lui. Selon les sites des entreprises de nettoyage : « Le coût de l'heure de ménage variera en fonction des agences entre 25 et 36 euros. Ce tarif est donné avant crédit d'impôt de 50 %, soit 12,50 à 18 euros net. » Disons donc 12,50 euros l'heure, fourchette basse, soit 37,50 euros par semaine. 150 euros par mois. 1800 euros par an.

Mais ça ne s'arrête pas là.

Gwendoline a organisé sa vie professionnelle pour s'occuper des enfants le mercredi. Elle est à temps partiel.

Évidemment, elle a envie de passer cette journée avec eux. Cela lui fait plaisir. Mais le mercredi ne ressemble pas à un jour de week-end, elle va devoir les occuper et les convoyer à leurs différentes activités. Notons au passage qu'elle en profite pour faire le ménage et remplir des tâches administratives. Plaisir ou pas, les chiffres sont là. Cela fait économiser au couple une journée de garde d'enfants et des heures de ménage.

En réalité, pour être précise, cela représente une économie pour Richard qui est au travail pendant ce temps. Au contraire, pour Gwendoline, prendre son mercredi a un coût financier, puisqu'elle ne travaille pas de façon rémunérée. Richard économise des frais, elle subit une perte de salaire. Donc à ces 150 euros par mois il faudrait théoriquement ajouter ce qu'elle perd de salaire avec son temps partiel. C'est-à-dire environ 230 euros mensuels pour un SMIC. Et si on prend un peu de recul, il faut également penser à ce qu'elle perd comme droits sociaux en ne travaillant pas à temps complet : moins de cotisations pour la retraite, moins de droits au chômage, etc. Et enfin, ce qui reste difficilement chiffrable à ce stade, c'est le coût à long terme sur sa carrière. Les promotions qu'elle n'aura pas.

Il ne s'agit pas de dire que Gwendoline a tort de travailler à temps partiel. Personnellement, je pense que l'on travaille trop et, dans un monde idéal, je suis pour l'extension du temps partiel. Mais il faut prendre conscience de l'inégalité économique que cela crée au sein des couples. Quand on met ses finances à plat, il ne faut pas oublier ce sujet. Savoir combien d'économie cela représente pour le foyer, c'est aussi une manière de faire apparaître cet apport des femmes. Cette contribution mérite d'être prise en compte dans la répartition des dépenses. Plutôt que de penser que Gwendoline est financièrement à la charge de Richard, on peut tout aussi bien voir que Richard s'enrichit grâce au travail gratuit que fournit Gwendoline. D'ailleurs, les chiffres montrent bien que les hommes s'enrichissent lors de la vie conjugale, alors que les femmes s'appauvrissent. « En 2018, le revenu moyen d'une femme vivant seule en Île-de-France est de 2590 euros par mois contre 2480 euros pour une femme en couple avec un homme. La situation est inversée pour les hommes : ceux vivant seuls disposent de revenus en moyenne nettement plus faibles que ceux vivant en couple (respectivement 2880 euros et 3660 euros[1]). »

L'argent, ce n'est pas que les chiffres indiquant combien on gagne sur ses fiches de paye. C'est également le temps que l'on consacre à la famille ou au travail.

Vous vous souvenez quand Michelle Perrot a expliqué que la féminité, c'est le don ? J'ai posé la même question à la chercheuse Christine Delphy, spécialiste de ces sujets, qui y a répondu en apportant une précision. Pour elle, plus qu'un « don », le travail ménager est perçu comme un « dû ». La société considère qu'il est normal que les femmes fassent tout cela.

1. Carine Camors *et al.*, « En Île-de-France, dans 14 % des couples, la femme et l'homme perçoivent un revenu équivalent », art. cit.

Une étude de 2006 de l'INSEE allait dans ce sens. Elle avait montré que ce sont généralement les femmes qui s'occupent d'embaucher une aide ménagère. Quand elles ne font pas elles-mêmes le ménage, elles sont encore responsables de son organisation. D'ailleurs, on lit très souvent que les femmes bourgeoises se déchargeraient de leur part de travail ménager en employant des femmes pauvres et racisées. Le problème, c'est que cette équation invisibilise les hommes. Comme si le travail ménager revenait naturellement aux femmes. En réalité, le plus souvent, l'emploi d'une aide ménagère sert à compenser la part de ménage que l'homme ne fait pas. C'est donc la part de l'homme qui est prise en charge par une femme de l'extérieur, les femmes continuant de ranger et de nettoyer leur propre maison.

Alors ? Est-ce un don ou un dû ? La réponse dépendra souvent du contexte. Si Richard ne remercie pas Gwendoline pour tout ce qu'elle fait, elle a l'impression qu'il considère que c'est normal, donc que c'est un dû, et cela l'énerve. Elle veut que ce soit perçu comme un don. Mais, à l'échelle de la société, on attend des femmes qu'elles effectuent ce travail gratuitement.

Quand Christine Delphy dit que ce n'est pas un don, elle reprend les définitions des anthropologues. Dans la plupart des cultures, le don rend celui qui le reçoit redevable. On doit une contrepartie à l'autre. C'est le principe du don qui entraîne un contre-don. Ce n'est pas le cas ici. L'ensemble de la société ne se sent pas du tout redevable aux femmes pour ce qu'elles font. Or, si on ne donne rien en échange de ce que l'on reçoit, c'est que l'on trouve normal de recevoir cette chose, donc qu'elle est due.

Cette notion de travail fait pour les autres sans rétribution a conduit, dans les années 1970, des féministes à parler d'« esclavage », comme dans le refrain de l'hymne du Mouvement de libération des femmes (MLF) : « Debout, femmes esclaves / Et brisons nos entraves ».

Récemment, des féministes ont dénoncé ce parallèle avec la situation des esclaves. Cela se comprend d'autant mieux que le passé esclavagiste de la France reste largement sous-estimé et tabou. C'est cette notion de « dû » et de gratuité qui fait la jonction avec la position d'esclave. C'était un angle important de la pensée féministe des années 1970. Monique Wittig écrivait : « L'hétérosexualité est le régime politique sous lequel nous vivons, fondé sur l'esclavagisation des femmes. » Ce terme d'« esclavagisation » est sans doute plus approprié pour désigner le processus de travail gratuit (et d'appropriation du corps des femmes). Pour définir la spécificité de cette exploitation des femmes par les hommes, la grande chercheuse féministe Colette Guillaumin avait créé un mot sur le modèle de servage et esclavage, le « sexage ».

Et l'égalité dans tout ça

Pour en revenir à nos arrangements financiers, au départ, j'étais moi-même un peu hostile à l'idée de tenir compte du fait que j'effectuais davantage de tâches ménagères. J'avais l'impression que cela entérinait l'inégalité, comme si on abandonnait tout espoir de fonctionner différemment.

Mais, pour rééquilibrer le partage des tâches, il faut précisément prendre conscience de leur existence. Et les monétiser, dire combien elles représentent d'argent sonnant et trébuchant, c'est un bon électrochoc. Cela permet de donner une valeur à ces gestes de nettoyage et de rangement.

Il est important d'avoir à l'esprit l'ensemble des inégalités économiques que cette question du ménage engendre. Gwendoline pourrait mettre sous les yeux de Richard le calcul de tout ce qu'elle perd comme argent, et de ce que lui économise. Sur cette base-là, elle pourrait entamer une négociation et obtenir soit une meilleure répartition financière, soit une plus grande participation de Richard aux tâches domestiques.

Les tâches ménagères méritent de vraies discussions. De même qu'il faut dresser la liste des dépenses et calculer, il faut faire celle des tâches ménagères et répartir. Et ne pas oublier que toutes ces discussions ont un but, aboutir à une situation où personne ne se sente floué, ni à court terme ni à long terme – autrement dit, s'il doit y avoir un jour une séparation.

En travaillant sur le sujet du domestique[1], j'avais réalisé à quel point le fonctionnement le plus efficace n'était pas le plus égalitaire. Ainsi, pour être à égalité, le mieux, c'est que chacun effectue toutes les tâches à tour de rôle. « Pendant deux semaines, c'est toi qui gères le linge, les deux semaines suivantes, c'est moi. » Cela assure à tout le monde une répartition et des compétences égales.

Cela dit, en matière d'efficacité, il vaut mieux se spécialiser, ne serait-ce que parce que la répétition d'une tâche vous permet de l'accomplir de plus en plus vite. Le monde industriel l'a compris depuis longtemps. Si vous vous occupez tout le temps du linge, vous le faites plus vite.

Avec nos modes de vie épuisants, la plupart des couples optent pour la spécialisation, sans même y réfléchir. Vous me direz qu'entre également en jeu une

---

1. *Libérées ! Le combat féministe se gagne devant le panier de linge sale*, Fayard, 2017.

question de goût. Certes, mais quand une tâche est aussi rebutante pour les deux membres du foyer, c'est la femme qui finit par la prendre en charge. Donc, en général, dans les couples hétérosexuels, ce sont les goûts de l'homme qui vont être pris en compte. La femme le laissera choisir ce qu'il préfère faire, en se tenant pour chanceuse parce que, déjà, il fasse quelque chose.

Égalité et efficacité ne riment donc pas.

Et cette dissociation se retrouve au niveau des choix financiers.

Au sein d'un couple, il y a deux manières de gérer l'équation carrières et argent. D'abord, la spécialisation. On va privilégier la carrière de la personne qui gagne le plus et qui a le plus de perspectives d'avancement professionnel. Les choses sont rarement dites de façon aussi explicite, mais on va vite considérer que celui ou celle qui mène une carrière moins rémunératrice se doit d'être davantage disponible et flexible.

Mais c'est paradoxal. On pourrait imaginer que celui qui a le poste le plus à responsabilité, donc qui est le plus haut dans l'organigramme de son entreprise, aura davantage de facilités à imposer un imprévu, à annoncer : « Je dois partir, l'école de mon fils a appelé. » À l'inverse, si vous avez moins de pouvoir, qu'il vous faut demander l'autorisation à votre supérieur, vous êtes moins en position de faire primer vos obligations personnelles.

La révélation en tant de crise

Beaucoup de couples se sont retrouvés confrontés à ce déséquilibre lors de la crise du COVID-19. Le confinement, en particulier dans les foyers avec enfants, mettait en lumière qui considérait que son travail était prioritaire sur celui de l'autre, et qui devait faire passer son activité professionnelle au second plan pour prendre en charge le reste de la maison.

À l'échelle nationale, les chiffres ont été sans appel. « Part des femmes actives et des hommes actifs indépendant(e)s ayant cessé toute activité professionnelle pendant le premier confinement : femmes 63 %, hommes 35 %. » C'est comme si toutes les inégalités familiales avaient été grossies. Pendant le confinement, 70 % des femmes déclaraient superviser quotidiennement le travail scolaire de leur enfant, contre 32 % des hommes[1]. Ce qui a évidemment eu des répercussions économiques. Le confinement a appauvri en priorité les femmes. Elles étaient 41 % des moins de 65 ans à déclarer que leurs revenus avaient diminué depuis le début du confinement[2].

En général, on pense le travail ménager en termes de temps. C'est l'angle que j'avais moi-même privilégié dans mon livre sur le sujet. Je m'étais par exemple concentrée sur l'argument selon lequel les hommes n'avaient pas le temps de faire plus de tâches ménagères. Les études statistiques prouvent que c'est faux. En France, par semaine, les hommes ont en moyenne trois heures et demie de temps de loisirs de plus que les femmes. Le temps des femmes est véritablement saturé de travail, qu'il soit domestique ou professionnel.

---

1. Ettore Recchi (dir.), Emanuele Ferragina, Emily Helmeid, Stefan Pauly, Mirna Safi, Nicolas Sauger et Jen Schradie, « Confinement pour tous, épreuve pour certains : les résultats de la première vague d'enquête du projet CoCo », *Faire face au Covid-19 : distanciation sociale, cohésion et inégalité dans la France de 2020*, n° 1 [en ligne], Sciences Po – Observatoire sociologique du changement, avril 2020.
2. INED, enquête Coconel, *Logement, travail, voisinage et conditions de vie : ce que le confinement a changé pour les Français*, note de synthèse n° 9, vague 11, mai 2020.

Les négociations prennent donc souvent la forme de « C'est tout le temps moi qui fais ci », « J'ai encore passé deux heures à m'occuper de ce truc », « Ça me prend tout mon temps ».

Mais on oublie souvent cette bonne vieille maxime : « Le temps, c'est de l'argent. » Derrière la répartition des tâches ménagères, il n'y a pas qu'une question de temps, mais également un déséquilibre économique qui se crée et fragilise les femmes.

Gwendoline a le nez dans le guidon de la poussette. Elle ne réfléchit pas à tout ce que cela implique de ne pas travailler le mercredi, ni à l'arrangement financier qu'elle pourrait mettre en place avec Richard. Je la comprends. Chaque fois qu'elle lui reproche de ne pas prendre sa journée pour s'occuper d'un enfant malade, ils finissent par s'engueuler, alors, à la longue, elle laisse tomber. Elle se contente de râler quand il ne change pas le rouleau de papier toilette vide. Ils ont déjà l'impression d'être en apnée toute l'année. Leur priorité, ce serait plutôt de réussir à profiter un peu plus des moments chouettes. Autant éviter de se prendre la tête sur la thune et le ménage.

9.
Où notre héroïne paye trop d’impôts

Il y a un sujet qui emmerde à égalité Gwendoline et Richard, ce sont les impôts.

Ils sont donc soulagés depuis le prélèvement à la source, ils n'ont plus vraiment à s'en occuper. Sauf que voilà, Gwendoline l'ignore, mais là aussi, elle y perd. Comme tous les couples mariés ou pacsés, Gwendoline et Richard sont obligés de faire une déclaration de revenus commune. Avec le prélèvement à la source, ils ont dû choisir entre deux formules, un taux personnalisé ou un taux individualisé.

L'arnaque du taux personnalisé

À ce stade, on peut déjà s'interroger sur le degré de perversité des personnes qui ont choisi ce vocabulaire. « Personnalisé » *vs* « individualisé ».

Et vous allez être encore plus ébahie quand vous saurez que le taux dit personnalisé est en réalité un taux commun, autrement dit pas personnalisé.

Imaginons un couple marié dans lequel monsieur gagne 2 000 euros et madame 1 000 euros, avec un taux d'imposition du foyer de 10 %. En personnalisé, on prend 10 % sur les 2 000 et 10 % sur les 1 000. Si vous optez pour le taux individualisé, on va prendre 12 % sur les 2000 et 6 % sur les 1000. On en revient à la différence entre l'égalité et l'équité.

Dans le cas des couples qui mettent tout en commun, cela ne change rien, nous sommes d'accord.

En revanche, pour les autres, ce n'est pas anodin. D'autant que, comme la somme est saisie à la source, vous n'en avez pas conscience, mais cela impacte directement le salaire qui vous est versé.

Le fait de prélever l'impôt sur le revenu à la source a également réduit les marges de rééquilibrage au sein du foyer. Avant, il arrivait que l'un dise : « On fait impôts communs, ça baisse les miens, ça augmente les tiens, alors je te rembourse une partie, ou je paye davantage quelque chose d'autre pour compenser. » Mais la retenue à la source rend invisible le montant de l'impôt et moins évident le rééquilibrage.

Entre taux individualisé et personnalisé, on a un peu l'impression que l'on a essayé de nous perdre. Mais il y a pire. Ce qui s'applique par défaut, si vous ne faites rien, c'est le taux personnalisé, soit le même taux pour les deux membres du couple.

Pour obtenir le taux individualisé, il faut aller sur le site des impôts et cocher une case.

Figurez-vous que l'écrasante majorité des couples n'ont pas coché la case.

Pourquoi ? D'abord, pendant des mois, ç'a été le bordel, cette histoire de prélèvement à la source, on nous annonçait que ça n'allait pas se faire, que ça serait reporté, etc. Ensuite, on n'a pas été informés, alors que c'est essentiel, notamment pour les plus petits revenus dans les couples, donc souvent les femmes.

Mais à force de répéter combien c'était injuste, il s'est passé une chose incroyable. On a fini par être entendues par le gouvernement. Je suis encore sous le choc.

Depuis la première version de ce livre, il a donc été annoncé qu'à partir de 2025, le taux par défaut serait le taux individualisé. Croyez en vos rêves.

Et pour les personnes qui se demandent si, en optant pour le taux individualisé, elles ne vont pas payer plus d'impôts : non, on en paye tout de même moins qu'en cas de déclarations séparées. Schématiquement, pour le fisc, un couple ce n'est pas *2000 + 1000 = 3000*, mais une moyenne où *2000 + 1000 = 2800*. En particulier si vous avez des enfants. Cette imposition plus faible ne doit pas profiter uniquement au revenu de 2000, ce n'est pas juste. (Il y a quelques cas, estimés à 10 %, pour lesquels l'imposition commune fait augmenter le montant total de l'impôt.)

Et si vous n'avez pas envie d'attendre 2025, vous pouvez aller sur le site des impôts pour choisir le taux individualisé. (Discutez-en au préalable avec votre partenaire. Bien sûr, la possibilité même de cette discussion dépend de votre pouvoir de négociation au sein du foyer.)

Concernant les impôts, il y a un véritable enjeu féministe et de justice sociale dont on pourrait s'emparer. On devrait défiler dans la rue avec des pancartes « Réforme de l'impôt » et « Pour un impôt féministe », car le système actuel est profondément injuste.

En France, la conjugalisation oblige les couples mariés ou pacsés à faire une déclaration commune. En général, on nous présente cette dernière comme une bonne chose puisqu'elle permet de faire baisser le montant de l'impôt. Mais cette conjugalisation favorise les plus gros revenus, donc majoritairement les hommes. Ce qui fait baisser leurs impôts, c'est d'avoir une compagne qui gagne peu – alors que si le calcul était individuel, cela n'aurait pas d'impact. Ils sont comme récompensés par le fait que leur épouse gagne peu ou qu'elle ne travaille pas à temps complet.

Si on considère le travail ménager comme un travail non rémunéré, non seulement la plupart des épouses effectuent un travail gratuit, y perdent en salaire, mais en plus leur mari en tire un avantage fiscal. C'est comme si l'ensemble de la société payait pour décharger les hommes mariés.

Dans un rapport de l'INSEE, on apprenait qu'en 2017, cette conjugalisation (qui entraîne donc une forme de réduction d'impôt pour les couples) avait coûté 11 milliards d'euros à l'État[1]. C'est-à-dire que, si on calculait les impôts de chaque individu séparément, l'État gagnerait 11 milliards d'euros. 11 milliards d'euros que l'on pourrait redistribuer autrement, par exemple pour aider les plus précaires.

Parce que ces 11 milliards ne profitent pas aux ménages modestes.

Ils sont à l'avantage des plus riches, puisque ce quotient conjugal n'est pas limité. Plus vous êtes riche, plus vous bénéficiez d'une grosse baisse d'impôt si votre compagne gagne peu. Évidemment, si les deux membres du couple ont les mêmes revenus, ça ne fonctionne pas. L'égalité n'est pas une bonne affaire fiscale. « Les principaux gagnants de la conjugalisation et de la familialisation sont les ménages les plus aisés, en raison de la progressivité de l'impôt sur le revenu. Les 15 % les plus aisés reçoivent 40 % des gains totaux, alors que les 50 % les plus modestes en captent 20 %[2]. »

---

1. Mathias André, « L'imposition conjointe des couples mariés et pacsés organise une redistribution en direction des couples les plus aisés, dont les effets ont augmenté entre 2012 et 2017 », *France, portrait social. Édition 2019* [en ligne], INSEE, novembre 2019, p. 115-132.
2. Collectif, « Quotient familial et quotient conjugal : quels effets sur l'impôt sur le revenu ? » [en ligne], sur le site de Vie publique, novembre 2019.

Et c'est même pire. Cet effet de baisse pour les plus riches a augmenté depuis 2012 à la suite d'une série de réformes.

Voici l'une des mesures à mettre immédiatement en place. Plafonner l'avantage fiscal du quotient conjugal pour qu'il ne profite pas à ce point aux plus hauts revenus.

Ensuite, on pourrait mettre fin à l'obligation de déclaration commune, en laissant le choix aux couples pacsés ou mariés. En réalité, notre fonctionnement est une spécificité française. Dans toute l'Europe, seule la Suisse suit le même modèle. La plupart des pays appliquent aux couples une imposition séparée, et certains leur laissent le choix entre l'individualisation et la conjugalisation.

D'après le rapport de l'INSEE, *France, portrait social*, de 2019, « la conjugalisation augmente en moyenne de 6 points le taux marginal d'imposition des conjoints qui ont les ressources les moins élevées dans le couple, dont les trois quarts sont des femmes, tout en diminuant de 13 points en moyenne celui des conjoints aux ressources les plus élevées dans le couple ». Si on traduit : la déclaration d'impôts commune augmente les impôts du plus petit revenu et fait baisser ceux du plus gros revenu. Gwendoline paye donc davantage. L'État lui-même a mis en place un système qui la défavorise. C'est la quadruple peine, parce qu'elle a un petit revenu, elle paye davantage d'impôts, et parce que Richard gagne plus qu'elle, il en paye moins.

Vous me direz, pour éviter la conjugalisation, il suffit de ne pas se marier ni se pacser. Certes, mais ces contrats offrent tout de même des protections. En cas de séparation par exemple, il n'y a de prestation compensatoire que dans le cadre du mariage. Ou encore en cas de deuil, pour bénéficier d'une pension de réversion ou être exonéré des frais de succession.

Chacun pour soi, rien pour les femmes

Un autre élément contribue à l'appauvrissement de Gwendoline et explique qu'il y ait davantage d'inégalités financières entre Richard et elle qu'il n'en existait dans les couples de leurs parents.

En 2020, Marion Leturcq, chercheuse à l'INED, et Nicolas Frémeaux, maître de conférences à l'université Paris-Panthéon-Assas, utilisent les données des enquêtes « Patrimoine » de l'INSEE et en concluent qu'entre 1998 et 2015, l'inégalité de patrimoine entre les femmes et les hommes en France est passée de 9 à 16 %. Elle a presque doublé.

Encore un nouveau démenti de l'idée selon laquelle notre civilisation irait naturellement vers davantage d'égalité entre les genres.

Concrètement, on sait qu'il y a un écart de revenus. Plafond de verre, parois de verre, sol de verre. Comme on l'a déjà vu, les femmes gagnent moins que les hommes. Gagnant moins, elles épargnent moins. Et en plus, au sein des familles, leur argent est mobilisé pour les dépenses quotidiennes. Elles vont payer les yaourts, et pas le crédit de la voiture.

Mais Marion Leturcq et Nicolas Frémeaux mettent en avant une explication supplémentaire aux inégalités économiques entre les Françaises et les Français : l'individualisation du patrimoine, qui se fait au détriment des femmes. Avant, les gens se mariaient souvent sous le régime de la communauté de biens. Cela avait pour effet de mettre le mari et l'épouse à égalité. Ce qui était à l'un était à l'autre. C'était le principe du porte-monnaie commun. Les dépenses étaient communes, mais les revenus et les biens également.

Cela restait encore un peu le cas avec le mariage sous le régime de la communauté réduite aux acquêts. On partageait ce que l'on avait acquis pendant le mariage.

Seulement voilà, les gens se marient de moins en moins. D'après l'INSEE, en France, en 2015, un quart des couples n'étaient pas mariés. Et quand ils se marient, ils choisissent de plus en plus souvent le régime de la séparation de biens. C'est ce que l'on appelle l'individualisation du patrimoine. Chaque individu garde pour lui ce qu'il possède ou va acquérir.

C'est la tendance générale de notre société. C'était déjà ce qui expliquait la diminution du nombre de couples qui n'ont qu'un compte joint.

Dans une société idéale, cette individualisation ne poserait pas de problème. Mais le système est organisé d'une manière qui pénalise fortement les femmes. Au sein des couples, elles effectuent un travail gratuit, prennent des temps partiels et ne bénéficient pas des revenus de leur conjoint.

Ne pas mettre en commun les patrimoines profite bien sûr à celui des deux qui possède le plus, et c'est en général l'homme.

Ainsi, paradoxe ultime, les décisions que j'ai personnellement prises pour affirmer mon autonomie financière – pas de compte joint pendant longtemps, deux déclarations de revenus séparées, pas de mariage – sont les mêmes qui participent à m'appauvrir.

Et cela appauvrit d'autant plus les femmes qu'elles sont majoritairement ignorantes de ces mécanismes, donc incapables de lutter contre.

La chercheuse Angèle Jannot s'est intéressée à l'inégalité de patrimoine au sein des couples parentaux. On pourrait penser que l'arrivée d'un enfant conforte une mise en commun de l'argent, mais ce n'est pas ce qui ressort de son étude.

Premier point, plus les couples de parents sont riches, plus ils sont inégalitaires. « Parmi les 20 % les plus pauvres, 35 % déclarent des placements égaux. Parmi les 20 % les plus riches, seulement 10 % déclarent des placements égaux. Par ailleurs, les hommes déclarent davantage des placements beaucoup plus élevés que leur conjointe à mesure que l'échelle des revenus augmente, alors même que les plus riches ont tendance à sous-estimer leur patrimoine.

« Toutefois dans les foyers plus modestes, on observe également une distribution inégale des biens : les hommes sont [sic] plus souvent seul propriétaire de la résidence principale du couple, pourtant acquise durant une période de mise en commun des revenus. » Pour la chercheuse, on peut alors parler d'une « appropriation masculine des biens du ménage[1] ». Le plus incroyable dans cette appropriation, c'est qu'elle se fait de façon invisible pour les deux. Quand Richard paye le crédit de la voiture, il n'a pas l'impression de s'approprier quoi que ce soit. Il ne voit pas que l'organisation qu'ils ont choisie avec Gwendoline la prive de la possibilité de se constituer un patrimoine.

On touche à un point crucial. L'une des causes de la situation difficile de Gwendoline, c'est son ignorance. Comment lutter contre une inégalité que l'on ne voit pas ? Dont on ne soupçonne même pas l'existence ?

En France, quand on parle des tâches ménagères, c'est souvent sans établir de rapport avec l'appauvrissement des femmes – malgré tout le travail qu'a fourni Christine Delphy sur le sujet. Et quand on parle des inégalités économiques entre femmes et hommes, on évoque

1. Angèle Jannot, « Elle dépense, il(s) consomme(nt), il place, qui possède ? : appropriation de la production domestique et de son surplus au sein des couples parentaux de sexe différent », *Sociétés contemporaines*, vol. 122, n° 2 [en ligne], Presses de Sciences Po, 2021, p. 155-187.

toujours les salaires. Peut-être qu'il est moins douloureux de s'attaquer au sujet de l'emploi qu'à celui de la famille et des relations amoureuses.

D'un point de vue politique, nous nous retrouvons donc dans une situation paradoxale. L'État français est toujours irrigué par le conjugalisme[1]. Il part du principe qu'une fois qu'ils sont pacsés ou mariés, Gwendoline et Richard n'ont qu'un seul porte-monnaie. Et donc, si son système fiscal profite à Richard, il profite forcément à Gwendoline.

L'aveuglement des politiques publiques

L'État ignore l'évolution des usages. Les couples font de moins en moins porte-monnaie commun. Ils partagent certes les dépenses, mais pas forcément les revenus et le patrimoine. Donc l'imposition qui profite à Richard, eh bien, elle profite à Richard.

Concrètement, comme Gwendoline et Richard sont pacsés, l'État considère qu'ils ne forment qu'un. Qu'ils partagent tout. Ils sont obligés de remplir une déclaration commune qui fait augmenter l'impôt de Gwendoline et baisser celui de Richard. Cela permet à Richard de faire des économies, qu'il met de côté sur un livret d'épargne personnel, sans que Gwendoline puisse en bénéficier. C'est cela que l'État ne voit pas. Pour lui, les femmes ont totalement accès aux revenus et au patrimoine de leur compagnon.

Mais Richard lui-même n'a pas conscience de ce processus. L'argent qu'il économise, il n'a pas l'impression

1. L'économiste Hélène Périvier a étudié les origines de ce conjugalisme dans son livre *L'Économie féministe*, Presses de Sciences Po, 2020.

qu'il le doit à Gwendoline. Il pense que c'est parce qu'il a bien travaillé. D'ailleurs, il gagne plus qu'elle, donc c'est normal qu'il lui reste davantage d'argent à la fin du mois.

Les politiques publiques qui devraient lutter contre les inégalités entre les femmes et les hommes concourent au contraire à les aggraver. Et ça n'a pas l'air de prendre la bonne tournure. Alors que la solution la plus juste consisterait à individualiser les impôts, lors de la campagne pour l'élection présidentielle de 2022, Emmanuel Macron a proposé la réforme exactement inverse : conjugaliser l'impôt même pour les couples non mariés ni pacsés. Il s'agissait pour lui de leur permettre de bénéficier d'une baisse d'impôt. Il pensait la mesure « moderne », en adéquation avec l'évolution de la société puisque les gens se marient moins. Mais en réalité, le soubassement de cette mesure (ce qui profite à l'un profite à l'autre) est totalement passéiste.

Quant aux autres partis politiques, on les entend assez peu évoquer le sujet. Toujours lors de cette campagne électorale, Yannick Jadot et Jean-Luc Mélenchon ont certes fait figurer dans leurs programmes respectifs la déconjugalisation de l'impôt sur le revenu. Mais on peut regretter que le sujet n'ait pas davantage été mis en avant et discuté. Ce hiatus, entre la réalité des couples et la manière dont l'État imagine qu'ils fonctionnent, entraîne un appauvrissement des femmes qui va aller en empirant si rien n'est fait.

Une politique fiscale féministe passe par cette prise de conscience. Il faut reconstruire un système cohérent avec la façon dont on vit réellement – et avec la situation économique des femmes. Cela commence par une refonte des allocations et des impôts.

10.
Où notre héroïne se sépare et le paye

Depuis quelque temps, ça ne va plus entre Gwendoline et Richard. Gwendoline se rend compte que sa vie ne lui convient pas, et que le temps passe trop vite pour être malheureuse. Elle annonce à Richard qu'il vaut mieux qu'ils se séparent.

Elle était persuadée qu'il partagerait son avis, elle voit bien qu'il n'est pas épanoui non plus, mais Richard lui en veut malgré tout de cette décision. Sans être la pire des séparations, ils ne se font pas de cadeaux. Des mots durs sont échangés. Et puis chacun aimerait que les enfants prennent son parti.

Financièrement, Gwendoline doit improviser. Fini, le temps partiel. Elle trouve un nouvel emploi à temps complet, mais, malgré sa motivation, ses envies, ses idées, elle sent qu'elle est mise de côté, sur une voie de garage. On la trouve trop vieille.

La situation n'est pas facile – même si elle essaie de ne pas s'en plaindre. Après tout, c'est elle qui est partie...

On dit que les séparations marquent une nouvelle étape dans l'appauvrissement pour les femmes, mais, en grande partie, elles se contentent de mettre au jour une inégalité financière qui existait déjà du temps du couple et qui restait invisible.

Je dois avouer que le mot même de « divorce » m'évoque immédiatement le salon de mon enfance. Je suis assise par terre, à quelques dizaines de centimètres de l'écran de la télé, ce qui provoque des râlements maternels concernant l'inéluctable dégradation de mes capacités visuelles. Et sur le canapé en velours marron, il y a les copines de ma mère, avec leur décollement de racines et leurs clopes, en train de soupirer, de rire, de s'énerver. Des mots reviennent sans cesse. Le pronom « il », suivi de « divorce », « divorcée », « avocat », « pension », « argent », « arnaque », « injuste », « pourquoi », « comment ».

Mes années 1980 sont inextricablement liées au champ lexical du divorce. Signe de cette réalité sociologique, en 1991 sortait au cinéma un film intitulé *Génial, mes parents divorcent !*, de Patrick Braoudé. L'une des scènes se déroulait à l'heure de la récréation, dans une cour d'école. On y voyait un enfant décréter : « Les divorcés avec les divorcés », et le héros lui répondre : « Et les cons avec les cons. »

Mes parents étaient déjà eux-mêmes séparés – ce qui expliquait peut-être le défilé des copines pour prendre conseil auprès de ma mère. Il faut dire qu'elle avait trois divorces à son actif et un diplôme de droit, ce qui devait lui conférer une certaine autorité sur la question.

Bien des années plus tard, c'était le tour de ma génération d'atteindre l'âge d'être en couple et de se séparer – à quelques différences près. Les enfants de divorcées avaient compris la leçon. Il valait mieux éviter de se marier. Autour de moi, on avait emménagé à deux, on avait fait des enfants, on s'était séparé, mais on avait évité la case contrat de mariage.

Les discussions ne tournaient jamais autour des pensions alimentaires. D'ailleurs, on ne passait pas devant un juge. On s'arrangeait, on cherchait à faire des gardes alternées pour les enfants, et chacun de son côté se débrouillait avec son salaire. Mes amies concernées étaient réticentes à l'idée de parler d'argent avec leur ex-compagnon. Elles ne se sentaient pas légitimes à réclamer une pension. Il faut dire que le thème des séparations est baigné de clichés sexistes, d'imageries misogynes qui font croire que les femmes sont là pour voler leurs sous à de braves pères de famille.

Idées fausses sur les séparations

Il est temps de mettre fin à ces idées reçues.

Vous pensez peut-être que Gwendoline va garder le logement. C'est peu probable. Dans la majorité des cas, ce sont les pères. Pour une raison simple, chez les locataires, les femmes n'ont pas les moyens de payer seules ce qui était payé à deux. Pour les propriétaires, quand le couple a acheté ensemble, elles sont rarement en capacité de racheter les parts de l'ex-compagnon. Les femmes restent dans le logement essentiellement quand il s'agit d'un logement social.

Autre idée reçue : la féminisation de la justice profiterait aux mères. En 2013, le collectif Onze, composé de sociologues, a publié *Au tribunal des couples. Enquête sur des affaires familiales*[1]. D'après leur vaste étude, le genre des juges n'a pas d'influence. Qu'elles soient rendues par des juges femmes ou par des juges hommes, on ne remarque pas de différence entre les décisions. Dans les verdicts, la féminisation ne profiterait donc pas aux femmes.

Les sociologues Céline Bessière et Sibylle Gollac ont même remarqué l'inverse lors des audiences. Les juges,

1. Odile Jacob, 2013.

hommes et femmes, ont tendance à vouloir préserver l'emploi et la carrière des pères, plutôt que ceux des mères. Si les horaires de garde n'arrangent pas le père, c'est à la mère de s'adapter. On part du principe qu'elle doit se rendre disponible pour l'enfant. De même, un père qui s'occupe de son enfant le mercredi sera perçu comme un super papa, particulièrement investi, alors qu'à ma connaissance, aucune mère n'a jamais été félicitée pour la même chose.

On entend dire également, de la part des groupes masculinistes, que les pères seraient privés de leurs enfants. Selon le ministère de la Justice, 18,8 % des pères demandent une résidence alternée (la résidence à 50-50), et 17,3 % d'entre eux l'obtiennent[1]. (Ces chiffres ont malheureusement une dizaine d'années.)

Si dans 70 % des séparations la résidence principale va à la mère, c'est parce que les deux parents l'ont décidé. Dans l'écrasante majorité des cas, un accord est établi avant même le passage devant le juge. Dans les 20 % restants, le contentieux porte en majorité sur l'argent, non sur la garde. Et quand les parents sont en désaccord au sujet de la garde, ce n'est même pas pour la garde alternée, mais parce que chacun souhaite obtenir la résidence principale des enfants.

Il faut ajouter que ces modalités évoluent souvent avec le temps. Autour des 10 ans de l'enfant, on constate une hausse des gardes alternées.

Dernière idée reçue, la prestation compensatoire. Qu'est-ce ? À quoi sert-elle ? À l'origine, en cas de divorce, elle devait compenser les déséquilibres financiers entre les deux parties. L'épouse, qui s'était

---

1. Maud Guillonneau et Caroline Moreau, *La Résidence des enfants de parents séparés. De la demande des parents à la décision du juge*, Ministère de la Justice, novembre 2013.

occupée des enfants et de la maison, en négligeant sa carrière pendant que son mari accumulait les promotions professionnelles, touchait ainsi une somme. C'était l'un des effets de la conjugalisation. Ce qui avait profité à l'un des membres du couple devait être partagé avec l'autre. Évidemment, cela concernait les ménages plutôt aisés.

Depuis 2002, tout a changé. Cette compensation n'est plus versée sous forme de pension mensuelle, mais de capital. On détermine à l'avance la totalité de la somme et le mari la paye – en une fois ou un peu étalée dans le temps. Les arguments en faveur de cette réforme se présentaient comme féministes. Il ne fallait pas que les femmes dépendent de leur ex-conjoint – on déconjugalisait, en espérant que cela inciterait à l'autonomie financière des femmes. Cela permettait également de liquider le divorce une fois pour toutes. On se disait « Voici à la fin de notre union l'écart financier entre nous, on le rééquilibre et c'est réglé. »

Mais le résultat, c'est que le montant moyen des prestations a été divisé par quatre. Et ce sont toujours les femmes qui assument les charges domestiques et parentales au détriment de leur carrière.

Or, quand les juges fixent le montant de la contribution pour les enfants, ils ne pensent pas au coût pour la carrière de la mère. Ils regardent par exemple le tarif de la cantine, mais ils ne regardent pas combien la femme perd de salaire en ne travaillant pas le mercredi. En réalité, il y aurait deux choses à calculer. D'une part, comment la prise en charge de ce travail par les femmes aide les hommes pour leur carrière, d'autre part, le coût pour les femmes sur leur propre carrière.

L'ancienne formule de la prestation compensatoire permettait de prendre en compte le coût professionnel que cela avait eu pour la femme. Paradoxe ultime, en pensant faire une réforme féministe, on est revenus à l'idée que le travail domestique est un dû de la part des femmes, et qu'il n'y a donc pas à en partager les frais.

Tout au long de leur vie, les femmes assument la charge d'un travail non reconnu, y compris au moment où la justice s'en mêle et qu'elle pourrait mobiliser des outils pour le reconnaître. Cette inégalité cumulée de la prise en charge du travail domestique n'est pas compensée et, à l'échelle d'une vie, cela produit de vraies inégalités.

En outre, la prestation compensatoire ne concerne que les couples mariés. Si vous êtes pacsés ou en concubinage, oubliez. Dans les mesures à adopter, on pourrait imaginer l'extension de cette compensation aux couples non mariés en cas de réduction du temps de travail professionnel de l'un pour prendre en charge la maison. D'ailleurs, une réforme plus générale consisterait à aligner les droits des couples non mariés sur ceux des couples mariés. C'est à l'étude dans d'autres pays, comme le Canada, l'Angleterre et la Suisse.

Il s'agirait également de faire en sorte que les gens soient correctement informés. Si vous décidez que l'un de vous deux va passer à temps partiel pour s'occuper des enfants, il faut que vous sachiez que cela pourra plus tard ouvrir droit à une prestation compensatoire.

Chaque décision importante, comme se marier ou passer d'un temps complet à un temps partiel, devrait être prise en ayant conscience de ses implications futures. Je radote, mais il faut savoir, savoir, savoir.

La réalité des pensions alimentaires

Autre sujet de fantasme : Gwendoline va toucher une grosse pension alimentaire. À titre indicatif, en France, le montant moyen des contributions alimentaires est de

170 euros par enfant et par mois. Et le montant médian est de 150 euros. Comment est-ce calculé ?

La loi ne prévoit pas de barème. Toutefois, la Chancellerie a publié une table de référence établissant le montant en fonction des revenus du débiteur, du nombre d'enfants, et des modalités de résidence du ou des enfants. Vous pouvez trouver un simulateur en ligne. Cela n'a qu'une valeur indicative, mais c'est une base sur laquelle peuvent s'appuyer les juges.

Sachez également qu'en cas de gros écart de revenus, une contribution peut être versée même dans le cas d'une garde 50-50. Si vous étiez pacsés, vous pouvez rédiger une convention parentale qui fixe le montant de la contribution. Elle n'est pas liée au fait d'avoir été mariés, bien sûr, mais au fait d'élever un enfant ensemble.

Concrètement, Richard a un salaire net mensuel de 2000 euros et un droit d'hébergement classique élargi, soit un week-end sur deux, la moitié des vacances scolaires et un jour par semaine. On enlève de son salaire ce que l'on appelle le minimum vital. En 2022, il est de 565 euros. Donc, il reste 1435 euros. Sur ces 1435 euros, on calcule 13,5 %, soit 193 euros par mois pour un enfant. Évidemment, pour deux enfants, on ne multiplie pas par deux, le pourcentage par enfant passe de 13,5 à 11,5 %. Pour deux enfants, Gwendoline doit toucher en cumulé 330 euros par mois.

Ces histoires de contribution sont souvent mal vécues par le parent payeur. D'ailleurs, je ne vous cache pas que Richard a un peu fait la gueule. Pendant la vie conjugale, ces transferts d'argent se faisaient souvent de façon informelle. *Je donne ce que je peux, ce que je veux, quand je peux.* Avec la séparation, une tierce personne décide, un magistrat ou une magistrate, et cela prend la forme d'une obligation, pas toujours bien acceptée.

Les violences économiques

Et d'ailleurs, un certain nombre ne payent pas. En effet, 30 % des contributions alimentaires ne sont pas payées, ou le sont de manière irrégulière, comme le déplorait en 2021 le dossier de presse du PLFSS (petit nom coquin du Projet de loi de financement de la Sécurité sociale).

En 2018, une expression nouvelle est apparue, « violences économiques ». C'était à l'occasion des manifestations des Gilets jaunes. On a tendu le micro à des mères séparées qui ont raconté les difficultés quotidiennes auxquelles elles étaient confrontées.

En réalité, le phénomène existe depuis longtemps, mais ces violences n'étaient ni pensées ni nommées. On considère souvent qu'il s'agit de l'une des premières manifestations des violences au sein du couple. Elles peuvent prendre des formes très variées.

C'est le compagnon qui demande des justificatifs pour toutes les dépenses. Celui qui fait pression pour que sa compagne travaille moins ou pas. Ou celui qui ne l'informe pas des revenus disponibles et la maintient dans l'ignorance. Il y a également le conjoint qui seul a accès au compte commun, qui a confisqué tous les identifiants pour la CAF, les impôts, la Sécurité sociale, et qui met sa compagne en position de devoir quémander pour tous les achats à faire. Parfois, il souscrit des crédits à la consommation qui l'engagent elle. En bref, l'ensemble de ces pratiques visent à déposséder la femme de son autonomie financière – et Internet a accru le contrôle exercé par les conjoints violents.

C'est aussi la raison pour laquelle, quand une femme est en danger et qu'elle s'apprête à quitter son compagnon, on lui conseille de préparer son départ en ayant un compte bancaire qu'il ne connaît pas, en ayant si possible récupéré les différents accès aux comptes en ligne, en faisant des copies du livret de famille, des carnets de santé, des pièces d'identité, de la carte Vitale, de l'avis d'imposition, de tous les documents concernant le logement, la voiture, les enfants.

Mais ces violences n'ont pas seulement lieu pendant la vie conjugale, elles peuvent se poursuivre au-delà, après la séparation, par le biais de la pension que doit l'ex-compagnon. Les variantes sont nombreuses. La somme est versée, mais pas à date fixe. Ou alors elle est versée à la bonne date, mais pas en intégralité. Ou son montant varie selon les mois. Ou rien n'est donné un mois, puis la moitié le mois suivant.

Dans certains cas, le parent payeur rencontre de véritables difficultés financières.

Mais il y a aussi des hommes qui se servent de cet argent pour continuer d'exercer un pouvoir. Cela leur permet de maintenir leur ex-compagne dans un état de stress et une position de demandeuse. Certains ne se privent pas pour leur rappeler qu'elles ne sont rien sans eux, qu'elles ne s'en sortiraient pas, qu'elles vivent à leurs crochets.

Il faut prendre conscience des violences économiques et les nommer correctement. Si on insiste beaucoup sur la nécessité de refuser les gestes de violence physique, c'est tout aussi nécessaire au sujet des violences économiques. C'est pourquoi il est aussi important de s'intéresser aux finances du couple.

Je vais vous dire un truc qui paraît idiot, mais les finances d'un couple se gèrent à deux. Chacun doit savoir combien d'argent entre et combien d'argent sort, et par quelle porte. Et inutile de se cacher derrière des « Mais je n'y comprends rien ». Vous n'êtes pas moins capable que l'autre, que n'importe qui d'autre, de vous occuper des finances. Et si vous ne comprenez pas quelque chose, demandez. Vous trouverez toujours les renseignements quelque part. Savoir, savoir, savoir.

En France, une association s'est montée pour interpeller les pouvoirs publics, elle s'appelle Abandon de famille. Elle est présidée par Stéphanie Lamy. Elle-même concernée par un problème de non-paiement de pension, elle a commencé par créer une page Facebook à laquelle de nombreuses mères ont adhéré. À l'époque, leur approche était très légaliste. Dans leur documentation, elles parlaient de façon neutre en disant « le parent ». Au bout de quelques mois, elles se sont aperçues que le phénomène était genré et qu'il fallait cesser de se voiler la face. D'ailleurs, j'emploie moi-même l'accord de majorité en parlant de « mère » et de « père », plutôt que de « parent gardien » et de « parent non gardien ».

Le collectif milite pour la fin du quotient conjugal et un calcul de l'impôt au niveau de l'individu, mais vous maîtrisez désormais ces sujets à la perfection. Son autre préoccupation est le versement des pensions alimentaires.

D'ailleurs, petit point sémantique, Stéphanie Lamy prône le terme de « contribution alimentaire », qui est celui que l'on retrouve dans les textes officiels. On y parle plus précisément de CEE, contribution à l'entretien et à l'éducation de l'enfant. Le mot « pension » donne l'impression que les mères touchent une rente ou un revenu. Le terme « contribution » a l'avantage de mettre en lumière le fait que cette somme ne recouvre qu'une partie des frais inhérents aux enfants, qui sont avancés par les mères.

C'est en lien avec ce que Stéphanie Lamy nomme le taux d'effort, soit le montant contribué par rapport aux ressources. Par exemple, un père verse 200 euros tous les mois pour un enfant. En réalité, la mère débourse bien plus que 200 euros, ou 400, entre le loyer, les dépenses scolaires, les courses, etc. On estime qu'une majorité de femmes dépensent 50 % de leurs ressources pour leurs enfants (travail à temps partiel, garde, loyer, etc.). En ce qui concerne le fameux parent non gardien, le montant de sa contribution équivaut en moyenne à 13 % de ses ressources par enfant et par mois[1].

Devant le problème du non-paiement des contributions, le gouvernement a décidé d'intervenir. Attention, concentrez-vous.

Depuis 2021, il existe un service public des pensions alimentaires qui permet de demander ce que l'on appelle l'intermédiation financière. Le parent débiteur verse la contribution à la CAF, qui la reverse au parent créditeur. (Ou à la MSA, pour le régime agricole.) L'idée est de sécuriser financièrement les mères. Mais, à ses débuts, cette intermédiation n'était pas très demandée par les parents. Il faut dire que rien que son nom est décourageant. Alors l'État a décidé de l'automatiser. Il a annoncé que, sauf refus des parents, l'intermédiation sera rendue systématique. Cette mesure se met en place par étapes. Ouverte dès le 1er mars 2022 pour les divorces devant la justice fixant une pension alimentaire, elle est étendue au 1er janvier 2023 aux autres types de décisions de justice concernant une contribution alimentaire, ainsi qu'aux divorces par consentement mutuel.

Cela va dans la bonne direction, à un détail près. Si le débiteur ne paye pas, dans l'idéal, il faudrait que la CAF continue de verser la contribution et qu'elle aille se rembourser en saisissant les comptes du débiteur.

---

1. Mais ce chiffre ne prend pas en compte ce que le père dépense de son côté pour l'enfant, comme le fait de louer un logement avec une chambre pour l'enfant.

En réalité, ce n'est pas ce qui se passe. S'il y a un défaut de paiement, la CAF ne verse plus la contribution. La mère bascule sur une aide appelée allocation de soutien familial (ASF). En 2022, elle était de 116 euros, peu importe la contribution qui devait être versée. Respectant une promesse de campagne, Emmanuel Macron l'a portée à 184,41 euros en 2023. Ensuite, la CAF procède à une tentative amiable de recouvrement des impayés puis, en cas d'échec, elle met en place une procédure de recouvrement forcé.

Évidemment, on espère qu'il y aura moins d'impayés avec la gestion par la CAF. L'intervention d'un organisme officiel qui joue l'intermédiaire aura peut-être un effet psychologique sur ceux qui renâclaient à payer. Mais l'État n'assure toujours pas le paiement des contributions.

Les associations comme Abandon de famille espéraient un fonctionnement calqué sur le modèle québécois, qui a donné de très bons résultats. Là-bas, ce n'est pas la CAF qui s'en occupe, mais le Trésor public, ce qui présente plusieurs avantages. Déjà, dans la tête des mauvais payeurs, la CAF, c'est un truc de bonnes femmes, tandis que le Trésor public est perçu comme masculin, et donc plus sérieux. On évite davantage de se mettre mal avec les impôts.

En outre, le Trésor public a déjà tous les moyens pour le recouvrement, voire pour prendre à la source.

Quant à l'ASF, elle est uniquement versée aux parents célibataires. Les agents de la CAF peuvent venir vérifier le nombre de brosses à dents dans la salle de bains. On retrouve l'idée de conjugalisation, que l'on avait déjà rencontrée au sujet des impôts. Si vous êtes en couple, l'État considère que vous disposez des ressources de votre partenaire pour élever vos enfants. Autant dire que vous n'avez pas intérêt à vivre en colocation.

Monoparentale = femme

La pauvreté des foyers monoparentaux est un véritable problème social et politique. Pour essayer d'en prendre conscience, voici quelques chiffres. En 2018, 41 % des enfants mineurs dans une famille monoparentale vivaient sous le seuil de pauvreté monétaire. C'est énorme. Si on prend l'ensemble des enfants en France, ils sont 21 % à vivre sous ce seuil[1].

Mais l'expression « famille monoparentale » masque une énorme différence selon que la famille est un père ou une mère. 22 % des enfants en famille monoparentale avec leur père étaient pauvres en 2018, proportion proche de la moyenne de tous les enfants, contre 45 % pour les enfants en famille monoparentale avec leur mère.

Il y a une chance sur deux pour que Gwendoline devienne une famille pauvre.

Les familles monoparentales pauvres sont des femmes.

Et les femmes représentent 82 % des familles monoparentales[2].

À cela s'ajoute le fait que le nombre de familles monoparentales augmente : + 3 points entre 2011 et 2020, alors que la part des familles dites traditionnelles diminue (– 3 points). D'après un rapport de l'INSEE de septembre 2021, un quart des familles sont monoparentales. En 1990, quand j'étais petite, c'était un sixième. (Mais il y avait un effet de troupeau. On s'attirait entre nous, les enfants de divorcées, ce qui me

1. Le seuil de pauvreté monétaire correspond à 60 % du niveau de vie médian de la population, soit 1 063 euros par mois en 2018.
2. Rapport du ministère chargé de l'Égalité entre les femmes et les hommes, de la Diversité et de l'Égalité des chances, *Vers l'égalité réelle entre les femmes et les hommes, op. cit.*

donnait l'impression que nous étions beaucoup plus nombreuses.)

Détail amusant, la donnée la plus stable concerne les familles recomposées. Elles représentent toujours environ 9 % des familles françaises.

Notons un point important, il y a presque deux fois plus de familles monoparentales dans les outre-mer qu'en métropole. Selon une étude de l'Ined en 2011, si les familles monoparentales représentent 25 % des familles de métropole, le chiffre monte à 51 % en Guadeloupe, 54 % en Martinique, 46 % en Guyane, 38 % à La Réunion. Ces femmes qui élèvent seules leur enfant sont les premières victimes de la pauvreté. Voilà encore un sujet politique qu'il faudrait cesser d'ignorer.

11.

Où notre héroïne essaie de relancer sa carrière, s'occupe de ses parents et n'hérite pas

Gwendoline affronte donc cette épreuve de la séparation. Franchement, ce n'est pas facile. Au début, il y avait la tristesse inhérente à la fin d'une histoire. Elle soupirait en se rappelant leurs premières nuits dans le studio qu'elle louait quand elle était jeune. Gwendoline s'est beaucoup demandé quand est-ce que ça avait commencé à déraper.

Et puis, dans des messages, Richard lui a écrit des choses méchantes, sans doute parce qu'il savait exactement où appuyer pour la blesser. Alors elle lui a aussi dit des choses désagréables et elle s'en veut. Elle se sent seule, elle culpabilise par rapport aux enfants, et elle a besoin d'argent.

Elle a repensé aux sommes qu'elle avait placées sur les livrets d'épargne des enfants. C'est maintenant qu'elle en aurait besoin. Problème, elle ne peut pas les reprendre comme ça. Le type de la banque lui a expliqué qu'elle pouvait retirer les intérêts, mais pas les capitaux. Elle n'a pas tout compris, à part une chose : elle ne peut récupérer que des miettes. Comme les enfants sont mineurs, il lui faut l'autorisation écrite de Richard pour retirer des sommes importantes – alors que lui, il ne versait quasi rien dessus, il oubliait tout le temps. Ça la fait rager. Parce que c'est clair que Richard va refuser, et pire, il va la traiter de mauvaise mère prête à flouer ses propres enfants. (Là encore, si elle avait connu Héloïse Bolle, elle aurait su qu'il vaut mieux se constituer une épargne à son propre nom plutôt qu'à celui de ses enfants.)

Plus les difficultés financières s'amoncellent, plus elle sent monter la colère. Il paraît que Richard emmène les enfants faire un super voyage pour les vacances. Elle est heureuse pour eux, bien sûr, mais elle a un peu la haine. Pendant ses insomnies, elle remâche et elle commence alors à faire quelque chose qu'elle n'avait jamais fait.

Elle commence à compter.

Elle calcule.

Elle réalise brusquement que, après vingt ans de vie commune, elle se retrouve sans rien. Elle repart avec ses pots de yaourt vides. Elle n'a quasiment rien de l'appart puisqu'elle ne gagnait pas assez pour rembourser l'emprunt. Elle n'a pas la voiture puisqu'elle ne l'a pas achetée elle-même.

Et les heures qu'elle a passées à faire le ménage, à nettoyer, à dégraisser, à dépoussiérer, à laver, à repasser, à trier, à ranger, à stocker, elle n'en retire rien. Il n'en reste rien. Ces heures se sont évanouies dans le néant.

Et combien de temps consacré à aménager une vie de famille chouette, à faire les emplois du temps de tout le monde, à organiser les vacances, à chercher les bons plans, à penser aux cadeaux, à faire des surprises pour que la vie soit plus belle ? Oui, c'étaient de bons moments, mais tout le monde en a profité, et Richard en premier, alors que les efforts reposaient sur elle. Elle n'a pas fait que passer l'aspirateur, elle a aussi animé leur vie de famille, elle a cherché activement comment les rendre heureux, elle a consolé, elle a encouragé, elle a cherché des solutions, elle a lu des tonnes de trucs pour savoir comment mieux s'occuper de sa famille, des enfants, du couple, elle était toujours à l'affût d'une activité sympa qui leur permettrait de passer du temps ensemble et de se faire des souvenirs.

Elle regarde ses mains. Elles sont vides. Elle s'est cassé le cul toutes ces années pour les rendre heureux, et désormais elle est seule et fauchée et fatiguée. Et, en plus, elle découvre qu'ils arrivent très bien à profiter de la vie sans elle.

Comment sa grande histoire d'amour a-t-elle pu se transformer en une pareille arnaque ?

Comment le gentil garçon qui faisait la vaisselle tous les jours s'est-il transformé en voleur ?

Et le pire, c'est que, le jour où ils ont parlé de la contribution alimentaire pour les enfants, elle a senti qu'il trouvait que c'était abusé. Comme si elle profitait de la situation alors que lui avait travaillé dur... Il ne se rend pas compte. Pas du tout. Il ne sait pas calculer le travail invisible, les pénalités professionnelles...

Gwendoline enrage contre elle-même. Pourquoi elle n'a pas pensé à tout ça avant ? Pourquoi elle ne s'est pas mieux protégée financièrement ? Elle ne savait pas. Savoir, savoir, savoir.

Soutenir les mères célibataires

Et puis, vous vous en doutez, sa situation de mère célibataire ne facilite pas les choses au boulot. Si, en règle générale, la société fait comme si les familles monoparentales n'existaient pas, c'est encore pire dans le monde de l'entreprise. Au travail, la mère célibataire doit faire oublier qu'elle a des enfants, comme si elle avait à se faire pardonner sa situation, comme si on considérait qu'elle avait échoué dans son couple et qu'elle était fautive.

Pauline Rochart, spécialiste des évolutions du monde du travail, a imaginé quelques pistes concrètes pour une politique de ressources humaines favorable aux mères solos. Voici ses propositions[1] :

- Veiller à ce que la charge de travail globale soit conciliable avec une vie de famille ;
- Permettre le télétravail si les gens le souhaitent ;
- Interdire les réunions après 17 h 30 ;
- Prévoir un délai de prévenance suffisamment long avant tout déplacement ou séminaire ;
- Doubler le nombre annuel de « jours enfants malades » ;
- Garantir un accès prioritaire aux mères solos dans les crèches d'entreprise ;
- Allouer un budget garde d'enfants sous forme de « chèque baby-sitter ».

Plusieurs de ces mesures profiteraient d'ailleurs à tout le monde. C'est ce que pointe Laetitia Vitaud dans sa passionnante newsletter – mais en anglais. Selon elle, il faudrait concevoir toute politique de ressources humaines en prenant comme cadre de référence le quotidien d'une mère célibataire. En faire le modèle par défaut. L'idée est séduisante. Elle part de l'exemple du design informatique en citant un développeur :

« L'un des pires aspects de nombreux sites Web, applications mobiles ou tout autre service en ligne est qu'ils sont conçus pour fonctionner uniquement dans des conditions parfaites. Les applications sont généralement développées par des jeunes ayant une vue parfaite

---

1. « Mères solos, celles qui payent le prix fort au travail », sur le site du média Welcome to the Jungle, janvier 2022. J'ajouterais un point totalement anecdotique, mais on pourrait également mettre des protections hygiéniques en libre-service dans les toilettes de l'entreprise. Certes, cela ne changerait pas le monde, mais ce serait une manière de tenir compte du fait que toutes les personnes qui travaillent n'ont pas forcément un pénis, et que certaines d'entre elles ont un utérus avec des cycles menstruels.

généralement assis devant un MacBook avec un écran rétine qui affiche une résolution et une luminosité parfaites. Ils disposent d'une connexion Internet haut débit lorsqu'ils conçoivent ou testent des choses. C'est une autre affaire lorsque vous essayez d'utiliser une application alors que vous êtes coincé dans un train bondé avec un signal faible. »

Laetitia Vitaud en tire le principe selon lequel la personne par défaut que nous devrions avoir en tête pour concevoir des services publics, des transports en commun, un système fiscal et des politiques de ressources humaines, c'est la mère célibataire. Parce que les mères célibataires ont une vie difficile et que donc ce qui fonctionne pour elles a de bonnes chances de fonctionner pour tout le monde.

Et l'inverse est vrai. Car, écrit-elle, « le présentéisme et la gestion toxique qui rendent la vie difficile pour les mères célibataires sont généralement ce qui rend la vie difficile pour tout le monde ».

Mais le monde du travail n'est pas simplement fait sur mesure pour des hommes célibataires. Les pères de famille y sont valorisés, rappelez-vous qu'ils connaissent même une hausse de salaire à la naissance de leur enfant. Le monde du travail est organisé pour des hommes qui ont une femme qui s'occupe des enfants. (Comme pour les impôts.)

Donc, si on résume, les femmes s'occupent des enfants et elles sont pénalisées professionnellement de ne pas être aussi disponibles que les hommes dont elles élèvent les enfants.

Le frère et l'héritage

Cela fait fulminer encore un peu plus Gwendoline. Elle voit bien que, professionnellement, son frère s'en sort mieux qu'elle alors que, honnêtement, il a toujours eu un poil dans la main. Et maintenant que les enfants ont grandi, Gwendoline doit s'occuper de leurs parents vieillissants. Vous croyez que Gwendolin ferait sa part ? Pas du tout. Il passe de temps en temps pour les voir, mais il ne s'occupe pas de prendre leurs rendez-vous médicaux, de les y emmener, de rappeler le médecin pour vérifier l'ordonnance, de refaire la carte Vitale perdue. En France métropolitaine, 60 % des proches aidants sont des femmes[1].

Quelques années plus tard, leur décès est une épreuve affective et psychologique pour Gwendoline. Mais, plus prosaïquement, c'est également une étape importante puisque l'on partage alors le patrimoine.

A priori, Gwendolin ne devrait pas hériter davantage que Gwendoline. La loi interdit de flouer l'un de ses enfants, donc de ne pas leur donner autant à chacun. Mettons cela au crédit de Napoléon, car il s'agit de la loi de 1804.

En réalité, les choses sont un peu différentes et les mots « juste » et « équitable » se révèlent d'une grande souplesse d'interprétation.

C'est ce qu'expliquent brillamment Céline Bessière et Sibylle Gollac[2]. Elles ont découvert que c'est souvent le fils, voire le fils aîné, qui est favorisé, et ce, avec l'aide des

1. DREES, Enquête Capacités, aides et ressources des seniors, *Ménages* – volet aidant (CARE-M), 2015.

2. Dans l'important livre *Le Genre du capital. Comment la famille reproduit les inégalités*, La Découverte, 2020.

notaires. Évidemment, les notaires appliquent le droit. Les parts de l'héritage ont l'air équitables, mais, en allant interroger les membres de la famille, les deux chercheuses ont mis au jour un certain nombre d'arrangements. On sous-évalue des biens, on décide de ne pas tout compter.

Si on respectait scrupuleusement la loi, les notaires devraient commencer par faire l'inventaire de tous les biens. Puis ils les diviseraient par le nombre d'enfants. Ils diraient alors à combien s'élève la part de chacun.

Mais prenons la maison familiale. On ne veut pas la vendre. On veut qu'elle reste dans la famille. D'ailleurs, la première chose qui se décide, et souvent très longtemps avant de faire un testament, c'est à qui elle ira.

Seulement voilà, on n'a pas les moyens financiers d'assurer une compensation équitable à l'autre enfant. Alors, on va sous-évaluer la valeur de la maison et donner ce que l'on peut. On pratique ainsi ce que les chercheuses appellent une comptabilité inversée. La répartition n'est donc pas juste.

C'est ce qui se passe avec les « biens structurants ». Ce sont les maisons, ou les entreprises, ou les boutiques, ou les exploitations. L'héritage tourne autour de ces biens qui, statistiquement, vont plutôt aux garçons, et même à l'aîné. Les fils reçoivent les biens structurants et les filles des compensations financières, lesquelles sont souvent de moindre valeur.

Mais pourquoi ces discriminations ? Il ne s'agit pas de soupçonner les parents de moins aimer certains de leurs enfants.

Les deux chercheuses expliquent que les fils sont perçus comme les bons héritiers. Quand les parents donnent au fils, ils pensent qu'il aura les moyens d'assumer cet héritage. Depuis des années, c'est lui qui a été préparé à reprendre le commerce ou l'entreprise. Étant mécaniquement plus avancé dans sa vie professionnelle, il est également le plus susceptible d'avoir les moyens financiers de racheter les parts des autres membres de la fratrie – même si, comme on l'a vu, ces parts sont sous-évaluées.

Concernant la maison de famille, on va estimer que Gwendolin est le seul qui pourra l'entretenir, car cela coûte cher. D'elle-même, Gwendoline va se désister, en disant qu'elle ne peut pas prendre la charge de la maison. Les filles vont donc toucher moins d'argent précisément parce qu'elles sont moins riches. Parfois, il faut avoir les capacités financières d'assurer les frais qu'engendre une succession.

Gwendoline va accepter ces arrangements en sa défaveur parce qu'elle ne veut pas être à l'origine d'un conflit familial, même si elle a conscience que le partage n'est pas juste. Venir semer la zizanie dans la famille, en plus pour une question d'intérêt personnel, ce n'est pas envisageable. La féminité, tout ça... Elle abdique. Elle n'a pas envie d'une embrouille avec Gwendolin alors qu'ils enterrent leurs parents.

Bien sûr, elle est un peu amère. Depuis des années, elle s'occupait de leurs parents alors que Gwendolin passait une fois par mois. Elle, elle s'est tapé la surveillance médicale, les courses, le ménage, etc. Tiens, ça lui rappelle un peu la situation avec Richard. Elle s'est occupée des enfants et lui, il a gardé le fric...

Un autre argument est mobilisé pour achever de convaincre les filles : le spectre de l'impôt. L'idée que si elles vont au tribunal, si elles dénoncent une inégalité, si elles disent donc que les biens sont sous-évalués, les impôts vont s'en mêler. Or il vaut toujours mieux que l'argent reste dans la famille plutôt qu'il aille au Trésor public.

Et enfin, on peut s'interroger sur une dernière raison, plus profonde, qui motiverait cette différence de traitement entre les filles et les fils. L'idée est que la fille qui se marie quitte sa famille. En premier lieu, souvent, elle abandonne son nom. Or celui qui va hériter du patrimoine, c'est peut-être aussi celui qui a le patronyme. La fille qui se marie rejoint une autre famille, et on peut, de manière inconsciente, considérer qu'elle est prise en charge par cette autre famille, et particulièrement par son compagnon. (D'autant que, dans les couples hétérosexuels, les femmes se mettent souvent en ménage avec un homme plus âgé. D'après l'INSEE, en 2017, dans deux tiers des mariages hétérosexuels, la femme était plus jeune que l'homme.)

Les anthropologues appellent cela la patrilocalité, en opposition avec la matrilocalité. Le terme désigne des peuples dans lesquels la femme quitte son clan pour rejoindre et intégrer celui de son compagnon. Ce serait donc un vestige de cette vision patrilocale qui expliquerait une partie des inégalités de patrimoine hérité entre les Françaises et les Français.

12.
Où l'on parle des femmes riches et de la Bourse

Vous aurez compris que Gwendoline n'est pas riche. Sa situation financière est plutôt extraordinairement banale.

Mais intéressons-nous un peu à cette autre catégorie de femmes, les femmes riches. Une espèce rare, bien plus rare que celle des hommes riches.

Dans le monde, d'après le classement Forbes de 2022, on compte 2 668 milliardaires. Parmi eux, seulement 327 sont des femmes, soit 12 %. L'écrasante majorité n'ont pas créé elles-mêmes d'entreprises, elles ont hérité leur fortune en étant veuves ou descendantes.

Dans le haut du panier, parmi les 10 plus grosses fortunes du monde, aucune femme. Il faut attendre la 11e place pour trouver Françoise Bettencourt Meyers (petite-fille du fondateur de L'Oréal) et, à la 19e, Alice Walton, fille du fondateur des supermarchés Walmart.

Prenons maintenant nos propres riches. Parmi les 43 milliardaires français, il y a 6 femmes. Françoise Bettencourt Meyers, Marie-Hélène Habert-Dassault (fille de Serge Dassault), Marie Besnier Beauvalot (petite-fille du fondateur de Lactalis), Danielle Bellon (veuve du fondateur de Sodexo), Anne Beaufour (petite-fille du fondateur du groupe pharmaceutique Ipsen), Carrie Perrodo (veuve du fondateur de la compagnie pétrolière Perenco).

Voilà pour les milliardaires.

Et la start-up nation ?

Avec un brin de naïveté, on aurait pu imaginer que la start-up nation qui se vante d'être moderne et inclusive serait plus attentive à l'égalité femmes/hommes. Les chiffres montrent l'inverse. Ses activités se concentrent dans le numérique, un milieu dans lequel on sait qu'il y a peu de femmes. Mais apprenez qu'en prime, d'après une étude de Accenture, la moitié de celles qui y travaillent quittent le numérique après 35 ans. Climat sexiste, perspective de carrière bouchée.

La version française du magazine *Forbes* s'était demandée : Pourquoi la start-up nation ne partage pas le gâteau avec les femmes ? Partant du constat que, sur 26 licornes françaises, aucune n'était fondée par une femme et une seule avait été cofondée par un homme et une femme, le journal avait mené une enquête qui aboutissait à la conclusion que le problème n'était pas un manque d'audace des femmes, mais leurs difficultés à se faire financer. Autrement dit le sexisme du système. À l'ancienne.

Les femmes au CAC 40

Dans le monde de la Bourse, il y a également les dirigeants d'entreprises. Prenons notre CAC 40. C'est la première fois que l'indice phare de la Bourse de Paris compte autant de femmes directrices générales en même temps.

Vous pensez que ça nous amène à combien, alors ?

Suspens.

Quatre.

Waouh.

Catherine MacGregor, chez Engie, Christel Heydemann, chez Orange, Estelle Brachlianoff, chez Veolia et Sabrina Soussan, chez Suez. Et il y a un « mais ». Aucune n'a été désignée présidente-directrice générale (ce qui correspond au fameux sigle PDG). Il pourrait d'ailleurs ne jamais y en avoir, car les groupes dissocient de plus en plus les deux fonctions. (C'est le choix qu'ont fait les conseils d'administration de Veolia et d'Orange.)

Un autre chiffre : parmi les 1000 plus hauts salaires de France, 91 % sont des hommes[1].

Je crois que, sans trop se mouiller, on peut en conclure que l'argent et le pouvoir économique sont véritablement aux mains des hommes.

Pour essayer de mettre fin à cette non-mixité, une loi a été votée en décembre 2021, la « loi Rixain », dont l'objectif est d'imposer des quotas de 30 % de femmes cadres dirigeantes et de 30 % de femmes membres des instances dirigeantes en 2027, puis d'atteindre des quotas de 40 % en 2030. Les entreprises auront deux ans maximum, à partir de 2027 puis de 2030, pour se mettre en conformité avec ces quotas, sous peine de pénalités financières (1 % de la masse salariale au maximum).

D'après le cabinet de conseil Heidrick & Struggles, il faudra que 200 femmes accèdent à des postes de direction au sein des entreprises du CAC 40 pour atteindre un quota de représentation de 40 %.

---

1. Anne Brunner et Louis Maurin (dir.), *Rapport sur les riches en France. Édition 2022*, Observatoire des inégalités, juin 2022.

Et encore, cela ne nous amène pas forcément à une véritable mixité. Ainsi, d'après la même étude, au sein des comités exécutifs, environ deux tiers (68 %) des femmes occupent des postes dits fonctionnels (direction marketing, ressources humaines ou juridiques), alors que les fonctions opérationnelles sont occupées à 86 % par des hommes. « Si on était un peu critique par rapport à ça, on dirait qu'on commence à observer des comités exécutifs à deux vitesses », remarque Hervé Borensztejn, de chez Heidrick & Struggles. Mais oui, soyons critiques, Hervé, allons-y.

Pour comprendre cette absence des femmes dans la finance moderne, il faut revenir en arrière.

L'un des lieux de pouvoir qui ont le plus lutté contre l'arrivée des femmes, c'est la Bourse de Paris. Elles n'obtiennent le droit d'y entrer et de spéculer qu'en 1967 – deux ans après la réforme du mariage, vingt-trois ans après le droit de vote. On a eu le droit de voter avant celui d'entrer dans la Bourse.

Pourquoi y étaient-elles interdites ?

Pendant longtemps, on a dit que ce n'étaient pas les femmes qui en étaient exclues, mais les gens en robe, ce qui aurait inclus les religieux et les avocats. Typiquement le genre de mythe idiot qui prétend qu'il n'y a pas de sexisme. En vérité, l'arrêt royal du 24 septembre 1724, qui créait la Bourse de la rue Vivienne, précisait à l'article 11 : « Les femmes ne pourront entrer à la Bourse, pour quelque cause ou prétexte que ce soit. » Simple, clair, basique. Cette interdiction est confirmée à deux reprises, par l'ordonnance du 20 juillet 1801 et par un décret de 1816.

On donne parfois une autre explication à cette interdiction des femmes à la Bourse. En 1720, l'Écossais John Law fonde la Compagnie des Indes, dont le cours de Bourse, après une forte hausse, s'effondre. Cette banqueroute entraîne un mouvement de panique et des émeutes, auxquelles auraient participé de nombreuses femmes déchaînées. Cette mesure se justifierait donc par leur mauvais comportement passé. L'interdiction serait un garde-fou contre leurs réactions irrationnelles et incontrôlables. Il faut avoir des nerfs pour boursicoter.

Mais dans les sources de l'époque qui relatent ce mouvement de panique, ce n'est pas ce qui ressort. Comme le démontre le remarquable travail de Cécile Lamy, on y parle avant tout du peuple[1].

En réalité, ce n'est pas parce que les femmes se seraient mal comportées qu'elles sont interdites de Bourse, mais parce qu'il s'agit d'un lieu de pouvoir.

Il y a eu une exception notable en 1952. Une certaine Raymonde Chardon, fondée de pouvoir d'une banque, obtient une autorisation exceptionnelle pour exercer son métier à la Bourse. En réalité, elle y travaillait depuis 1924, mais elle se tenait dans ce que l'on appelait la coulisse, autrement dit, les marches de la Bourse. Ce terme de « marches » n'est pas une métaphore. Depuis l'escalier extérieur, elle transmettait ses ordres à des commis, qui, eux, avaient le droit d'entrer dans le bâtiment. Imaginez, Raymonde Chardon a passé vingt-huit années à travailler dehors. En 1952, le président de la République finit par lui accorder une autorisation spéciale pour entrer et exercer son métier dans les mêmes conditions que ses collègues.

Quant à la première femme nommée agent de change à la Bourse de Paris, elle s'appelait Sylvie Girardet, et c'était en 1985. Et enfin, la première femme à diriger la Bourse de Paris, Delphine d'Amarzit, a pris ses fonctions en mars 2021.

---

1. Cécile Lamy, « Les étouffements de la rue Vivienne, 17 juillet 1720 : récits d'une émotion populaire », *Littératures classiques*, vol. 78, nº 2 [en ligne], Armand Colin, 2012, p. 181-196.

Une banquière haute en couleur

Pour finir cette mise en perspective historique, intéressons-nous à la vie d'une autre femme. Si Thérèse Humbert a régné sur la fin du XIXe siècle, parmi les plus grands escrocs du XXe siècle, on compte une femme d'affaires, Marthe Hanau, surnommée « la banquière des Années folles ».

Elle naît en 1886, à Paris, dans le 11e arrondissement, au sein d'une famille de commerçants juifs. Dès l'adolescence, Marthe affirme son indépendance et sa personnalité. Elle fume des cigarettes, mais, surtout, elle assume son homosexualité en draguant un paquet de jeunes filles. Elle séduit notamment la vendeuse de la boutique tenue par sa mère, qui apprécie moyennement. Marthe a 20 ans, et ses parents font pression sur elle pour qu'elle se range. Elle accepte un compromis. Elle se mariera à condition que l'on ne l'oblige pas à avoir d'enfant.

L'heureux époux de cette union est un certain Lazare Bloch. Je ne sais pas comment s'entendait le couple, mais ils avaient une même envie, se lancer dans les affaires. Marthe ouvre une parfumerie, qui fonctionne bien, mais elle est victime d'un grave accident de voiture qui l'immobilise six mois. Elle revend alors son affaire. Elle doit trouver un autre moyen d'assurer son niveau de vie, parce que Marthe n'aime pas se priver.

C'est la Première Guerre mondiale, le couple est décidé à en tirer profit. Ils commercialisent le « bâton du soldat », une espèce de café en poudre pas cher censé maintenir les soldats éveillés. Sauf que voilà, le bâton du soldat semblait avoir l'effet inverse, il les endormait. Leur client principal, à savoir l'armée, porte plainte et Lazare est condamné.

En 1920, Marthe, qui a bénéficié d'un sursis – le sexisme a parfois du bon –, en profite pour divorcer,

Lazare étant grillé. Mais ils restent amis ; son ex-mari sera de toutes ses aventures.

Entre alors dans la vie de Marthe une femme, Delphine Joseph-Polack, dite Josèphe, fille d'un grand bijoutier de la rue de la Paix. Un rapport de la Sûreté générale daté du 24 juillet 1928 précise : « Mme Hanau et Mme Joseph-Polack sont liées d'une grande affection : une affection – dit-on – si chaude que la malignité publique n'a pas hésité à l'expliquer par une communauté de goût pour des pratiques auxquelles l'antique Lesbos a attaché son nom. » Elles s'affichent ensemble, et Josèphe est prête à financer les entreprises de Marthe, qui va bientôt se lancer dans le grand bain, c'est-à-dire la Bourse.

Il faut dire que, dans l'entre-deux-guerres, tout le monde se met à boursicoter. Il existe plusieurs raisons à cette passion nouvelle. D'abord, les prix augmentent, c'est l'inflation. Et, en même temps, ce qui rapportait d'habitude des revenus à la bourgeoisie, comme les loyers, ne vaut plus grand-chose. Alors les pères de famille bourgeois cherchent d'autres moyens de gagner de l'argent.

Marthe veut profiter de cette fièvre boursière, mais elle se heurte à un petit souci. La Bourse est interdite aux femmes.

Peu importe. Marthe s'habille en homme, met une barbe postiche et y entre. Elle parvient à faire illusion, fréquente les hommes du milieu, copie leur manière de faire. En traînant avec eux, elle apprend très vite les ficelles du métier.

Forte de ce savoir, elle décide de le faire fructifier. Elle a l'idée de lancer un journal économique pour conseiller les petits épargnants qui veulent spéculer.

C'est *La Gazette du franc*, journal économique et patriotique qui paraît en 1925. Elle monte une belle équipe, avec des hommes plutôt conservateurs, et obtient des interviews des politiques les plus importants du moment. C'est un succès, avec des unes comme « La France a été victorieuse, pourquoi le franc serait vaincu ? ». Quant à la suite, laissons la parole à Marthe elle-même, qui écrivit une brochure intitulée *La Vérité sur l'affaire de la « Gazette du franc »* :

« Le succès fut immédiat. Les pages financières furent unanimement appréciées. Elles étaient rédigées dans une forme simple, claire, accessible au public. Nos renseignements permettaient aux capitalistes de réaliser des bénéfices intéressants ; ceux-ci ne tardèrent pas à réclamer de nous l'indication d'une banque qui leur permît de suivre pratiquement nos conseils.

« Je fondais alors un nouvel organisme "Le Groupement Technique de Gérance Financière". »

Vous comprenez, Marthe, elle voulait seulement aider les gens à gagner de l'argent. Elle leur donnait des conseils, mais les gens insistaient pour qu'elle crée aussi une structure qui investirait à leur place. Alors, Marthe, elle a voulu rendre service, elle a créé cette entreprise.

À ceux qui rejoignent son regroupement, elle promet des intérêts à 8 %. Vous investissez 100 francs, vous gagnez 8 francs. C'est un bon rapport, vu qu'à l'époque, si vous placiez vos 100 francs sur un livret d'épargne, vous ne gagniez que 1,50 franc.

Il y a tout de même un petit problème qui se profile, Marthe Hanau vous promet 8 % d'intérêt, mais vous n'aurez jamais le détail de vos placements, c'est secret.

Pour l'instant, tout fonctionne à merveille. Ici, comme dans tous les films hollywoodiens sur ce genre de sujets, on peut inclure des scènes classiques, mais véridiques. Marthe s'achète un hôtel particulier près du bois de Boulogne, Marthe a une voiture de luxe, Marthe joue et perd 200 000 francs en une nuit de folie au casino de Deauville, Marthe fait la fête toute la nuit avec les célébrités de l'époque, Marthe s'achète cinquante paires de chaussures d'un coup, Marthe dévalise la boutique de Lanvin.

Je ne sais pas si Marthe tape des rails de coke, mais on saisit l'état d'esprit général.

Surtout qu'en même temps, elle continue d'étendre son empire. Elle organise des cycles de conférences dans toute la France, elle lance un deuxième journal, elle crée un réseau de courtiers. Autre idée de génie, elle fonde l'agence Interpresse, qui va fournir des pages financières déjà rédigées aux journaux qui y souscrivent – ce qui, évidemment, lui permet d'augmenter son influence sur les cours de la Bourse.

Tout va très bien. Marthe parvient à assurer des intérêts à 8 %. Comment fait-elle ? En réalité, elle n'a pas trouvé de merveilleux placements qui rapportent autant tous les ans. Elle finance l'ensemble en partie grâce aux nouvelles souscriptions. Cela s'appelle une chaîne de Ponzi. Et comme toutes les chaînes de Ponzi, elle repose sur la confiance.

Mais la confiance va s'effriter en 1928.

L'un de ses anciens collaborateurs qu'elle avait virés, Georges-Anquetil, lance une offensive contre elle. Il possède un journal qui s'annonce comme le caniveau de la presse, puisqu'il s'appelle *La Rumeur*. Le sous-titre est encore pire : *Le Haut-parleur de toutes les rumeurs*.

Du 20 au 23 novembre 1928, Georges-Anquetil y publie une série d'articles contre Marthe Hanau. Cela fait grand bruit. On évoque une potentielle banqueroute – rumeur qui suffit à pousser les investisseurs à vouloir récupérer leurs fonds.

Le pouvoir politique s'en mêle. Le 29 novembre, Raymond Poincaré, qui dirige le gouvernement en tant que président du Conseil, décide de poursuivre l'affaire en justice. Le 3 décembre, ouverture d'une information judiciaire ; le 4 décembre, Marthe Hanau est arrêtée et incarcérée à la prison Saint-Lazare. On perquisitionne ses locaux. La presse annonce que les seuls actifs sont de 20 000 francs – elle affirmera que c'était un mensonge.

Marthe demande à être remise en liberté sous caution, mais c'est refusé.

La Ligue des droits de l'homme prend sa défense.

En avril, Marthe se lance dans une grève de la faim – et des cigarettes, ce qui n'était pas rien pour elle qui carburait à trois paquets par jour. Au bout de trois semaines sans s'alimenter, les autorités s'inquiètent et la transfèrent à l'hôpital Cochin pour la nourrir de force. À Cochin, elle dit avoir été victime de violences. Un huissier notera les nombreuses ecchymoses sur ses bras. Et il se déroule alors une scène hallucinante. « À 9 heures hier soir, a déclaré Mme Hanau, on m'a laissée seule dans ma chambre. J'ai attaché un drap au radiateur. J'étais renseignée, il y avait 3 mètres 10 du rebord de la fenêtre au sol. Je me suis habillée grâce aux vêtements qui étaient dans ma valise. Lorsque, me laissant glisser, je parvins au sol, il me fallut toute mon énergie pour ne pas céder au vertige qui me gagnait. Quelques secondes de repos me permirent de regagner un peu de forces. Il me fut très facile de sortir de l'hôpital. Au moment où je passais devant la guérite du concierge, il y avait bien cinq ou six personnes qui entraient ou sortaient. Le gardien n'a pas attaché la moindre importance à mon départ. » Ensuite, elle prend un taxi, elle se fait déposer dans un bar du boulevard Raspail, d'où elle appelle son avocat pour lui dire : « J'ai quitté Cochin et je vais à Saint-Lazare, je ne veux plus qu'on me brutalise. » Et c'est exactement ce qu'elle fit. Elle reprit un taxi, à qui elle demanda de la déposer à la prison.

Arrivée sur place, elle s'évanouit. Après trois semaines de jeûne, déployer une telle énergie pour retourner en incarcération, c'est du jamais-vu. Carlos Ghosn pourrait en tirer une leçon...

Marthe Hanau est condamnée à deux ans d'emprisonnement pour escroquerie et abus de confiance.

La suite est triste. Elle sort de prison, mais elle fait appel de sa condamnation. Elle affirme son innocence, elle fait tout ce qu'elle peut pour rembourser les épargnants qui ont perdu de l'argent.

Mais, en appel, elle est condamnée à une peine plus lourde. De deux ans, elle passe à trois. Elle veut contester cette décision avec un pourvoi en cassation, mais il est rejeté. En février 1935, les policiers viennent la chercher pour la ramener en prison. Désespérée à l'idée d'être de nouveau incarcérée, elle sort un pistolet de son sac à main et menace de se suicider.

Elle entre malgré tout à la prison de Fresnes. Avec le jeu des remises et confusions des peines, il lui reste cinq mois de détention à faire. Mars, avril, mai, juin, juillet. Elle doit sortir fin juillet. Quelqu'un, on ne saura jamais qui, réussit à lui remettre une boîte de barbituriques. Elle les avale le 14 juillet. On l'emmène à l'hôpital et on lui fait un lavage d'estomac, qui a pour effet de prolonger son agonie. Elle meurt cinq jours plus tard, le 19 juillet. Pourquoi ? Pourquoi se suicider à quelques jours de sa libération ? Un journaliste de l'époque fait l'hypothèse qu'elle a sans doute tenu à acquitter sa dette avant de mourir.

Vous ne la connaissiez peut-être pas, mais Marthe Hanau est restée dans les mémoires. En 1968, Dominique Desanti lui a consacré une biographie, et, en 1980, elle est l'inspiration du film *La Banquière,* de Francis Girod, où elle est interprétée par Romy Schneider.

Mais ce qui reste d'elle, c'est surtout sa mention dans les séries d'été des journaux consacrées aux plus grandes escroqueries de l'Histoire.

Seulement voilà, Marthe était-elle vraiment *une* escroc ?

Elle affirmait avoir été victime d'un complot. Elle disait vouloir et pouvoir rembourser tous ceux qui lui avaient fait confiance. Patrice Barbeau, maître de conférences en histoire économique à l'université Paris-Nanterre, qui a étudié l'affaire, doute du fait qu'elle aurait eu les moyens matériels de le faire puisqu'elle avait surestimé tous les investissements.

De toute façon, la crise de 1929 l'en aurait empêchée.

Mais face à une femme juive et lesbienne, on peut légitimement se demander si elle n'a pas été victime d'une injustice. Dominique Desanti soutient qu'elle a été traitée de façon particulièrement rigoureuse par la justice. L'historien François Dubasque, qui s'est lui aussi intéressé à l'affaire, la résume ainsi : « L'affaire Hanau est la résultante d'un rapport de force très inégal entre une femme d'affaires peu scrupuleuse d'un côté et quatre acteurs institutionnels solidaires entre eux de l'autre. »

Peu de temps avant, un autre scandale financier avait eu lieu, l'affaire Rochette. Le système mis en cause était similaire, ainsi que les montants. Mais elle a moins marqué les esprits que l'affaire Hanau, sans doute parce que ce que l'on retient de cette dernière, c'est qu'une femme en a été la tête pensante, à une époque où les femmes n'avaient quasiment aucun droit économique.

13.
Où notre héroïne prend une retraite bien méritée, mais bien dérisoire

Gwendoline a vieilli.

Elle va enfin pouvoir s'arrêter de courir et profiter un peu.

Elle prend sa retraite.

Mais les inégalités économiques qui l'ont suivie toute sa vie explosent avec l'âge.

À ce stade, les femmes ont moins gagné en salaire, elles ont accumulé moins de patrimoine, elles ont moins hérité et elles ont moins épargné et investi. Brusquement, Gwendoline voit bien le rapport entre les heures de travail ménager gratuit qu'elle a fait et les heures de travail salarié qui lui ont manqué pour cotiser.

Elle regarde une nouvelle fois ses mains. C'est combien de lessives, une vie ? Une vie de femme ? Avec une famille de quatre personnes, puis ses parents âgés dont elle s'est occupée ? Si elle avait touché 1 euro par lessive faite…

À la fin de la vie active, le manque à gagner est colossal pour les femmes. Leurs pensions de retraite sont très inférieures à celles des hommes. Si on ne prend en compte que les pensions directes, les femmes touchent

40 % de moins que les hommes. Concrètement, en 2021, cela faisait en mensuel brut des retraites moyennes de 1951 euros pour les hommes et 1178 pour les femmes[1]. Cet écart est bien plus important que l'écart de salaire.

Or, là encore, les tâches domestiques et parentales sont à l'origine de ces petites pensions parce qu'elles ont entraîné des temps partiels et des carrières fractionnées. Pour contrebalancer cet effet, l'État a donc mis en place le système de réversion pour les couples mariés. Ainsi, en cas de décès, le survivant ou la survivante touche une partie de la retraite de l'autre.

Cela concerne à peu près 1 femme âgée sur 2. Le montant moyen est de 700 euros – ce qui fait une grosse différence pour celles qui touchent de toutes petites retraites. Cette pension est égale à 54 % de la retraite que le mari ou ex-mari percevait ou aurait pu percevoir. Mais elle est limitée. Pour en bénéficier, vos ressources annuelles ne doivent pas dépasser 24 232 euros brut si vous vivez seule ou 38 771,20 euros brut si vous vivez en couple. Si le défunt a été marié plusieurs fois, la retraite de réversion est partagée entre les ex-épouses de façon proportionnelle à la durée de chaque mariage. Richard s'est remarié, ça fera donc moins pour Gwendoline. En plus, les enfants lui ont dit qu'il avait une forme olympique…

À noter que certains régimes exigent une durée minimale de mariage. C'est par exemple le cas pour le régime des fonctionnaires, où il faut avoir été marié au minimum deux ans avant le départ à la retraite du défunt, ou quatre ans dans d'autres cas.

---

1. Franck Arnaud (dir.), *Les retraités et les retraites. Édition 2021* [en ligne], DREES, 2023.

En France, la pension de réversion ne concerne que les couples mariés. Ceux qui sont pacsés ou en concubinage, qu'ils aient eu ou non des enfants ensemble, ne peuvent pas en bénéficier. Pourtant, la Hongrie, le Portugal et l'Espagne accordent une pension de réversion aux personnes pacsées ou vivant en concubinage. Ce serait une autre réforme à envisager.

D'après la direction de la Recherche, des Études, de l'Évaluation et des Statistiques (DREES), quand on inclut les pensions indirectes comme les pensions de réversion, l'écart entre les retraites des femmes et celles des hommes passe de 40 % à 28 %. C'est encore beaucoup, mais c'est moins faramineux.

Quand on parle des retraités pauvres, on parle en réalité des retraitées pauvres.

Lors des précédentes réformes, les mouvements féministes ont été aux avant-postes pour défendre le niveau de vie des retraitées. Toute modification du système peut faire basculer les femmes âgées dans la pauvreté.

Épilogue
Où notre héroïne fait les comptes

Gwendoline soupire en faisant tremper son sachet de thé dans sa tasse. Une vieille tasse « J'aime maman » offerte il y a des lustres à l'occasion d'une fête des Mères. Un miracle qu'elle ait survécu aussi longtemps.

Elle regarde par la fenêtre.

Elle n'en veut plus à Richard.

En colère, elle l'a été. Beaucoup. Au moment de la séparation. C'était tellement dur...

Elle n'est plus en colère contre lui, mais elle ne se sent pas apaisée non plus.

Ce n'est pas seulement Richard qui l'a flouée. D'ailleurs, il l'a flouée sans vraiment en avoir conscience. Évidemment qu'elle était contente qu'il paye les traites de la voiture. Mais elle n'avait pas compris ce que cela impliquait pour l'avenir et la merde dans laquelle elle se retrouverait des années plus tard, une fois seule.

Non, elle n'en veut plus à Richard.

Le problème le dépasse largement.

Gwendoline pense que c'est la société tout entière qui lui doit des comptes.

C'est l'État qui a favorisé Richard et qui l'a fragilisée, elle.

C'est le monde du travail qui l'a maltraitée, mal payée, mal reconnue.

La société lui a dit de faire des enfants, de s'occuper de sa maison, de ses parents, et en même temps qu'elle ne devait pas demander quoi que ce soit en échange.

La même société qui la payait moins qu'un homme tout en lui disant qu'elle devait perdre du temps et de l'argent à s'épiler, à se maquiller, à faire des régimes.

Gwendoline enroule le fil autour du sachet de thé pour l'essorer, en faire ressortir tout le jus. Comme on l'a essorée, elle, pense-t-elle.

On l'a pressurée.

On l'a arnaquée.

On l'a plumée.

Dans les grandes largeurs.

On lui a dit qu'elle était à égalité avec les hommes, qu'elle avait les mêmes chances. Mais c'était un mensonge. Les dés étaient pipés dès le premier jour.

Elle espère que ce sera différent pour ses petites-filles, mais elles n'ont pas l'air de se préoccuper de l'argent. Elle essaie bien de leur dire que le pouvoir est économique. Mais elle a l'impression de leur paraître ringarde avec ses histoires d'impôts, de travail domestique gratuit, de contribution alimentaire.

Gwendoline sait que, si elles n'y prêtent pas attention, les mêmes mécanismes se reproduiront encore et encore.

Et elle est en colère contre une société qui n'en parle pas.

Une société qui refuse d'admettre que, derrière les portes des maisons et les histoires d'amour, on ne trouve pas « un ménage », mais deux individus aux revenus inégaux.

Jamais un parti politique pour en faire un sujet national. La moitié de la population travaille gratuitement pour l'autre, et tout le monde s'en fout.

Gwendoline bouillonne intérieurement.

Ah çà, en France, on adore parler redistribution des richesses en se servant un verre de vin. On examine les choix économiques des gouvernements, mais il n'y a pas grand monde pour se demander si la politique économique de son propre couple est de gauche ou de droite. Pourtant, la justice sociale commence à la maison.

Vous trouvez peut-être que Gwendoline est amère. Elle est surtout en colère, mais elle a décidé de faire de cette colère un carburant. Ne vous inquiétez pas trop pour elle. Elle est en train de se préparer pour aller retrouver des copines d'une association féministe. Elles se font un dîner entre femmes.

La dernière fois, elles ont inventé le système de partage des richesses au sein du couple le plus juste. Elles l'ont appelé le « kif-kif ». D'habitude on répartit les dépenses, elles veulent répartir les revenus. On mettrait tout l'argent sur un compte joint. Les deux salaires seraient versés dessus. Les dépenses communes partiraient évidemment de là. Et on déciderait d'un montant fixe, imaginons 150 euros, qui serait viré automatiquement tous les mois du compte commun vers les comptes personnels de chacun. On inverserait totalement le système ordinaire.

Chacun recevrait autant d'argent. On considérerait que tout le monde donne autant à la maison. Même si l'un des deux travaille plus et gagne plus, on se dirait que l'autre fournit autant en tâches parentales et ménagères.

Elles savent que personne ne voudra pratiquer le kif-kif mais ça leur a fait du bien d'en parler. Et elles ont sacrément rigolé en imaginant la tête de leurs maris si elles leur avaient proposé à l'époque...

Gwendoline est là pour vous servir d'exemple, ou plutôt de contre-modèle. Quand il s'agit d'argent, demandez-vous à chaque décision si elle vous passerait un savon ou pas. Est-ce qu'elle vous dirait « Mais enfin, ma petite, tu ne retiens rien de ce qui m'est arrivé ! » ?

Parce que, parmi les leçons qu'a pu tirer Gwendoline, il y a l'idée que rien n'est inéluctable. C'est à la fois le plus rageant et le plus encourageant. Cela aurait pu se passer différemment.

L'égalité ne s'instaure jamais naturellement, mais l'immense avantage de l'égalité – ou de l'équité – financière, c'est qu'elle se calcule. Certes, vous ne pouvez pas quantifier l'amour, mais vous pouvez compter combien chacun met pour le commun.

Vous gagnez plus parce que vous travaillez plus ? Très bien. Mais peut-être que vous pouvez travailler davantage parce que l'autre est passée à temps partiel, vous faisant économiser des frais de garde d'enfants et de ménage, et faisant baisser le montant de votre impôt. Est-ce que vous avez inclus cela dans vos calculs ?

Répartissez-vous uniquement les dépenses ou également les revenus ?

Comment équilibrer entre l'apport économique de l'un et l'apport domestique de l'autre ?

Comment construire un couple qui vous ressemble, qui respecte vos valeurs et vos envies ?

Cela passe aussi par l'argent.

Guide pratique d'éducation financière

Se former à l'éducation financière

Même si vous n'avez pas suivi de cours d'économie à l'école, vous n'avez plus aucune excuse pour ne pas vous y intéresser, vu le nombre de ressources qui sont désormais disponibles en ligne. Aucun besoin de s'abonner à un journal économique compliqué.

Je vous recommande les newsletters de Plan Cash et d'Oseille et compagnie ; la lecture du super site ViveS Media (qui propose également un podcast intitulé « Osons l'oseille ») ; ou, encore plus simple, de vous abonner à leur compte Instagram, ainsi qu'à celui de Mon budget Bento.

Pour celles qui ont les moyens, il existe également des formations et des ateliers sur les sujets financiers (notamment organisés par Héloïse Bolle, fondatrice d'Oseille et compagnie).

Et puis, pourquoi ne pas écouter le podcast « Rends l'argent » que j'ai réalisé il y a quelques années pour Slate ?

Faire le point sur sa situation financière au travail

Pour rappel, l'inégalité économique entre femmes et hommes au travail s'explique par trois facteurs : la nature du métier, le temps partiel et le je-ne-sais-quoi.

Attaquons-nous au je-ne-sais-quoi. La difficulté est de savoir si vous êtes moins bien payée que les autres.

Vous pouvez bien sûr lancer le sujet des rémunérations autour de la machine à café. À partir de 2025, vous pourrez même demander à votre employeur de vous communiquer une moyenne des salaires correspondants à votre poste dans l'entreprise.

Mais, dès aujourd'hui, il existe plusieurs outils à disposition des salariés. D'abord, sur le site de l'Association pour l'emploi des cadres (APEC), les cadres peuvent comparer leur rémunération. Vous renseignez 10 critères et le logiciel calcule le salaire moyen brut auquel vous pouvez prétendre, avec une fourchette haute et une basse. Il y a également Waage, qui s'appuie sur de nombreux critères, comme les congés ou les avantages (primes, commissions, épargne salariale, tickets-restaurant, voiture de fonction, mutuelle), pour calculer votre salaire réel. Les résultats vous permettent de vous situer sur le marché.

Enfin, Glassdoor est un site collaboratif. Vous pouvez y communiquer votre propre salaire de façon anonyme, ce qui permet aux autres de pouvoir comparer leur rémunération.

Pour rappel, évidemment, n'allez jamais à un entretien d'embauche sans avoir une idée claire du salaire que vous souhaitez.

Parler d'argent dans le couple

Vous voulez remettre à plat l'organisation financière de votre couple, mais vous ne savez pas comment aborder le sujet ?

Attention, sachez que vous entrez sur un terrain miné. Il va falloir faire preuve de délicatesse. Tout le monde a un rapport tordu avec l'argent. L'argent, c'est le lieu des névroses, notamment familiales. Donc, avant de vous lancer dans une révolution financière, je vous conseille d'analyser votre propre relation à l'argent, puis de discuter avec votre partenaire de son histoire. Une fois que vous aurez désamorcé toutes les bombes, que vous aurez mieux compris les réactions et les peurs de l'autre (ainsi que les vôtres), vous pourrez passer à l'étape suivante.

Voici quelques idées de questions à poser (et se poser) pour lancer une discussion sur le sujet :

- Est-ce que tes parents se disputaient au sujet de l'argent ? Comment te sentais-tu par rapport à ça ?
- As-tu eu de l'argent de poche ? En as-tu demandé ?
- Quel était ton premier petit boulot alimentaire et qu'as-tu acheté avec ta paie ?
- Te sens-tu plutôt cigale ou fourmi ? À ton avis, d'où ça vient ?
- As-tu déjà négocié une augmentation ?
- T'es-tu déjà disputé avec quelqu'un au sujet d'argent ?
- As-tu déjà menti à quelqu'un au sujet d'une dépense ? À tes parents ?

Faites un dossier de la maison

Constituer un dossier où seront notés les noms des différents fournisseurs – énergie, Internet, assurances, mutuelle, impôts, etc. –, les identifiants et les mots de passe. Tout doit être accessible aux deux membres du couple. On ne sait jamais ce qui peut se passer. Faites-en chacun une copie que vous vous envoyez par mail, et/ou ayez une version papier que vous rangerez dans un endroit facile à trouver.

Organiser les finances d'un couple

Pour rappel, vous avez trois possibilités principales : tout est séparé, tout est mis en commun, ou un mélange des deux.

Je vais me concentrer sur cette dernière possibilité qui me paraît la plus pratique. Il vous faudra donc un compte commun (avec une carte de crédit par personne) qui ne servira que pour les dépenses du quotidien : les factures, le loyer, les courses, les dépenses afférentes aux enfants.

Pour savoir quelle somme verser sur ce compte, je vous conseille de dresser une liste de toutes vos dépenses annuelles et de les additionner. Il faut le faire sur l'année parce que certaines dépenses n'ont lieu qu'une fois par an (certaines assurances, par exemple). Vous pouvez prévoir d'y inclure un budget pour les vacances. Ou alors vous décidez que le budget vacances dépendra de ce dont vous disposerez une fois les autres dépenses acquittées.

Vous voilà avec votre somme totale. Ce sont vos charges annuelles. Vous les divisez par 12 pour connaître votre budget de dépenses mensuel. (Ça fait une grosse somme, je sais.)

Chaque mois, cette somme doit être versée sur le compte commun. Maintenant, reste à répartir cet argent entre vous. Soit vous versez autant l'un et l'autre, soit vous répartissez en fonction de vos revenus (c'est-à-dire de façon égale ou équitable). Il me paraît plus juste de faire en fonction de vos revenus. C'est alors que se pose la question du travail domestique et du temps partiel.

Prendre en compte le travail domestique

Il faut souvent en passer par une prise de conscience de l'importance du travail domestique. Pour cela, je vous conseille, pendant disons deux semaines, de noter et de chronométrer les tâches que vous effectuez. N'oubliez rien. Vous avez passé cinq minutes à ranger le salon. Vous avez fait une heure de ménage. Vous avez fait une lessive. Vous êtes allée à la mairie pour l'inscription au centre de loisirs de l'enfant. Vous avez fait les courses. Vous êtes passée à la pharmacie refaire un plein de paracétamol. Vous avez envoyé les papiers pour la mutuelle. Vous avez passé quinze minutes sur Internet à chercher une nouvelle litière pour le chat. (C'est du vécu, bien sûr.) Tout ce qui relève du fonctionnement du foyer entre dans le calcul.

Si vous voulez une aide, vous pouvez télécharger l'appli Maydée, qui est spécialement conçue pour cela. (On peut aussi la partager avec son ou sa partenaire pour répartir les tâches et se rendre compte des déséquilibres.) Si la répartition entre vous est inégale, que vous gagnez moins et/ou que vous êtes à temps partiel (ce qui vous permet de faire toutes ces tâches gratuitement), vous pouvez décider que cela a une valeur économique. Ainsi, si vous gagnez 20 % de moins que votre partenaire, vous pouvez décider que vous payerez 30 % de moins, parce que vous estimez que votre travail domestique vaut 10 %. À vous de négocier.

Vous pouvez également calculer combien cela coûterait si le travail ménager était effectué par une personne rémunérée. Reprenons l'exemple de Gwendoline : elle effectue trois heures de ménage de plus que Richard. Selon les sites des entreprises de nettoyage : « Le coût de l'heure de ménage variera en fonction des agences entre 25 et 36 euros. Ce tarif est donné avant crédit d'impôt de 50 %, soit 12,50 à 18 euros net. » Disons donc 12,50 euros de l'heure, fourchette basse, soit 37,50 euros par semaine. 150 euros par mois. 1800 euros par an. Ça en fait de l'argent.

Vous pouvez également faire une simulation de vos impôts, comme si vous faisiez une déclaration séparée, pour voir si vous payez plus ou moins. Cela peut aussi être un sujet de négociation.

Les applis qui aident au quotidien

À part Maydée, je vous conseille Bring!. Ce n'est pas une application au sujet de l'argent, mais elle peut simplifier la vie à deux (ou plus). Il s'agit d'une application pour faire des listes de courses. Vous pouvez créer une liste de courses (épicerie, pharmacie, magasin de sport, etc.) et la partager avec qui vous voulez. Ensuite, quand l'un des partenaires va à la pharmacie, par exemple, il peut regarder sur l'application s'il y a des choses à y acheter en plus.

J'utilise également le service Bankin'. Je ne me sers que des fonctions les plus basiques, mais ça m'aide bien. Essentiellement, Bankin' a l'avantage de m'envoyer tous les matins un récapitulatif de mes comptes bancaires (les dépenses, les recettes et combien d'argent il y a dessus). Je n'ai donc pas besoin de penser à consulter ma banque. (C'est pratique parce que mon compte personnel n'est pas dans la même banque que les comptes communs : plutôt que de consulter les deux sites, Bankin' regroupe en un seul endroit toutes les informations.)

Pour faire des budgets à plusieurs, vous pouvez aussi utiliser des applis comme Tricount.

Pour les parents, je trouve que Money Walkie est bien utile. Il s'agit d'un porte-monnaie numérique. En résumé, c'est un petit objet en plastique avec lequel l'enfant peut payer dans les magasins. On ne peut pas s'en servir pour les achats en ligne (contrairement à une carte bancaire). On le recharge depuis une application sur le téléphone et on est prévenu de toutes les dépenses. Pour les enfants qui commencent à se déplacer seuls, c'est très pratique.

Faire le point

Régulièrement, faites une soirée thune. Disons une fois par mois, regardez si vos dépenses ont augmenté et pourquoi. Jetez un œil à vos factures. Vérifiez si les remboursements de mutuelle ont été effectués. Et s'il n'y a pas sur les relevés de banque des virements suspects. Le cas échéant, n'hésitez pas à demander une explication à votre banque.

Gérer votre patrimoine

On le répète encore une fois : toutes les dépenses ne se valent pas. Elles sont de deux natures. Celles qui « ne valent rien » et qui sont prises en charge par le compte commun n° 1. Et celles qui permettent de se constituer un patrimoine. Le cas le plus courant étant un achat immobilier. En général, on voit combien on peut y investir une fois qu'on a payé sa part des dépenses courantes.

Mais là encore, on peut négocier différemment. Vous avez prévu un achat immobilier. Vous avez le plus petit revenu. Vous pouvez dire : « J'aimerais diminuer ma participation au compte commun n° 1 pour mettre davantage d'argent dans l'investissement immobilier. » Cet achat se fera avec un compte commun n° 2.

Les femmes étant moins payées que les hommes, héritant moins, et prenant en charge beaucoup de travail gratuit, elles doivent faire attention à se constituer une protection financière (de l'épargne ou un achat de valeur).

NB : Constituez en priorité une épargne à votre nom, pas à celui de vos enfants. En cas de séparation, selon les banques, vous n'aurez pas accès à cet argent sans l'accord de l'autre parent.

Choisir entre mariage, pacs ou concubinage

Le concubinage n'ouvre aucun droit. En revanche, il faut savoir que le pacs et le mariage ne donnent pas accès aux mêmes droits. Ainsi, le pacs ne fait pas de vous l'héritier ou l'héritière de l'autre. D'après le site service-public.fr : « Pour ce qui concerne l'héritage, vous êtes considérés comme des étrangers l'un par rapport à l'autre. » Vous n'avez aucun droit sur le patrimoine de votre partenaire. Si vous avez acheté ensemble un appartement et que le défunt a des enfants, vous pourrez rester une année dans le logement (si c'est votre lieu de vie principal) puis vous devrez donner leur part aux héritiers. Si vous n'avez pas les ressources nécessaires, vous pourrez être obligée de vendre le bien. Le meilleur moyen de se prémunir de cela, c'est de faire un testament en plus du pacs. Demandez conseil à un ou une notaire.

Le mariage vous protège davantage. Non seulement pour l'héritage, mais parce qu'il permet aussi de demander une prestation compensatoire dans certains cas de divorce. Il ouvre également le droit à une pension de réversion au moment de la retraite. Comme me l'avait dit une spécialiste : « Le mariage, c'est aussi une assurance retraite pour les femmes. »

On a construit la féminité sur l'idée de don, ou de dû. Mais ce n'est qu'une construction. Défendre vos intérêts ne fera pas de vous une mauvaise personne ou une méchante femme. Voyez cela comme une sorte d'hommage, ou de femmage, envers les femmes qui, avant nous, se sont battues pour obtenir des droits économiques. Faites plaisir à Gwendoline.

Donner une éducation financière à nos enfants (et à nos ados)

En France, on a tendance à aborder le sujet de l'éducation financière sous l'angle de la morale, avec des sujets de devoirs de philosophie comme : Est-ce une bonne chose de donner de l'argent de poche aux enfants ou faut-il exiger qu'ils travaillent en échange ?

Aux États-Unis, l'éducation financière consiste véritablement à expliquer comment le système fonctionne – peu importe ce que vous en pensez. On part du principe qu'il est toujours plus intéressant de comprendre ses rouages.

Pour les parents ou enseignants que cela intéresse, voici donc quelques pistes. Sur le site eduscol.education.fr, en cherchant « Educfi », vous trouverez des exercices pratiques à destination des enfants, du CP jusqu'au lycée. Ils partent de situations concrètes, comme l'achat de poissons pour l'aquarium de la classe. Cela fonctionne également avec n'importe quelle sortie scolaire. Vous pouvez faire participer les enfants pour prévoir le budget et chercher comment le financer.

À la maison, c'est aussi possible. Vous avez prévu une sortie avec les enfants ? Organisez-la avec eux.

Si vous êtes à Paris, je vous recommande justement les visites guidées pour les enfants à Citéco, cité de l'Économie, situé dans le 17e arrondissement.

Vous pouvez également expliquer aux enfants qu'ils payent des impôts indirects quand ils achètent des bonbons. Une part du prix est la TVA (elle est même de 20 % si les bonbons sont dans un sachet fermé, de quoi faire un bel exercice de maths). Il s'agit ensuite de leur expliquer ce qu'est la TVA, un impôt que tout le monde paye dès qu'on achète quelque chose. C'est la principale source de revenu de l'État, donc elle sert à tout financer : école, hôpitaux, etc.

Vous pouvez également aller dans un magasin de jouets leur faire comparer les prix des jouets genrés masculins et féminins – même si les différences sont moins importantes qu'avant. Leur objectif peut être de vérifier si les prix sont justes.

Sur le site mesquestionsdargent.fr, vous trouverez un jeu de société assez logiquement nommé « Mes questions d'argent : le jeu », il est téléchargeable gratuitement. C'est un jeu de plateau classique. Vous pouvez choisir des niveaux en fonction de l'âge des participants (8-11 ans, 12-15 ans, 16-24 ans, etc.).

Pour finir, en attendant que l'État français décide d'œuvrer concrètement pour davantage d'égalité économique, à vous, à votre échelle, de vous protéger du mieux possible. Gwendoline vous en remercie d'avance.

Remerciements

Je tiens à remercier avant tout Sophie de Sivry pour son engagement, son enthousiasme, ses encouragements, son écoute et sa patience. Ce livre lui doit énormément. Cela a été une nouvelle fois un bonheur de travailler avec elle.

Un très grand merci à Charlotte Rotman, qui a fait un travail d'édition formidable avec une efficacité bluffante.

Mes remerciements vont aussi en particulier à Maude Sapin, qui a encore une fois fait un véritable travail d'orfèvre, ou plutôt d'orfaveresse, sur ce livre.

J'en profite pour embrasser les filles de l'équipe. Je pense à Adèle, bien sûr, Constance, Lise, Alexandra, Élise, Alice. Merci de donner vie à nos livres.

Marie-Laure, à qui je dois énormément. (Et dont je sais qu'elle va lire ça en haussant les épaules et qu'ensuite elle va me dire qu'elle n'y est pour rien.)

Ma redoutable Ariane, évidemment.

Élise Thiébaut, qui m'a donné l'ordre d'écrire ce livre. Merci d'avoir autant insisté. Tu vois, j'ai fini par le faire.

Merci à Anne et à Johanne, notamment pour tous les coups de main et dépannages impromptus. Merci à ma Sarah.

J'ai une pensée particulière pour Anne-Sophie, qui n'a cessé de m'encourager alors qu'elle avait mille autres choses à faire.

Et pour Julia et ses talents de cuisinière.

Merci comme toujours à l'homme de l'ombre.

Merci aux amies et aux amis qui ont fait preuve d'une infinie patience avec moi, mes délais, mes retards, mes « J'ai fini dans une semaine, on se voit bientôt ».

Et maintenant, festoyons !

Table

L'édition originale de ce livre est le fruit du travail de toute une équipe de passionnés aux Éditions L'Iconoclaste.

Pour sa sortie dans la Collection Proche,

Vahram Muratyan a conçu la couverture et imaginé la recette idéale pour un plaisir de lecture parfait : de belles marges blanches, un interlignage finement étudié et un savant mélange de trois fontes (Heldane Text, Tiempos Fine et Galano Grotesque).

À la fabrication, Marie Baird-Smith et Anna Polonia ont travaillé pour obtenir l'objet idéal : un livre souple, un papier léger et bouffant, une carte de couverture qui lui permettra de vieillir sur votre étagère sans prendre une ride.

L'équipe de Soft Office a réalisé la mise en page du texte. Vladimir Sichler a relu le livre à la virgule près.

Constance Beccaria et Clémentine Malgras ont assuré la publication de ce livre. La communication et le marketing ont été imaginés avec Pierre Bottura et Adèle Leproux, Anne-Sophie Richard l'a fait vivre sur les réseaux sociaux.

Les factures des collaborateurs et les droits d'auteur sont payés rubis sur l'ongle par l'équipe de Christelle Lemonnier.

Les représentants de Rue Jacob diffusion, coordonnés par Élise Lacaze, ainsi que l'équipe d'Interforum, ont sillonné toutes les librairies françaises, suisses et belges.

Ce livre est désormais entre vos mains, prêt à démarrer sa nouvelle vie.

L'ensemble de cet ouvrage a été réalisé dans le respect des règles environnementales en vigueur.
Il a été imprimé par un imprimeur certifié Imprim'Vert, sur du Classic Book PEFC pour l'intérieur et une carte Metsäboard PEFC pour la couverture.

Achevé d'imprimer en France sur les presses de Normandie Roto Impression s.a.s. à Lonrai (Orne) en août 2024.

ISBN : 978-2-493909-74-9
N° d'impression : 2403360
Dépôt légal : Septembre 2024

**En France, un livre a le même prix partout.
C'est le « prix unique du livre » instauré par la loi de 1981 pour protéger le livre et la lecture. L'éditeur fixe librement ce prix et l'imprime sur le livre. Tous les commerçants sont obligés de le respecter. Que vous achetiez votre livre en librairie, dans une grande surface ou en ligne, vous le payez donc au même prix. Avec une carte de fidélité, vous pouvez bénéficier d'une réduction allant jusqu'à 5 % applicable uniquement en magasin (les commandes en ligne expédiées à domicile en sont exclues). Si vous payez moins cher, c'est que le livre est d'occasion.**